ria
MAIS FORTE QUE O MAL

PE. REGINALDO MANZOTTI

AUTOR BEST-SELLER COM MAIS DE
6,9 MILHÕES DE EXEMPLARES VENDIDOS

petra

Copyright © 2025 by Pe. Reginaldo Manzotti

Direitos de edição da obra em língua portuguesa no Brasil adquiridos pela Petra Editorial Ltda. Todos os direitos reservados. Nenhuma parte desta obra pode ser apropriada e estocada em sistema de banco de dados ou processo similar, em qualquer forma ou meio, seja eletrônico, de fotocópia, gravação etc., sem a permissão do detentor do copirraite.

Petra Editorial Ltda.
Av. Rio Branco, 115 – Salas 1201 a 1205 – Centro – 20040-004
Rio de Janeiro – RJ – Brasil
Tel.: (21) 3882-8200

Nihil obstat
Pe. Fabiano Dias Pinto
Censor arquidiocesano

+ José Ant.

Imprimatur
† Dom José Antônio Peruzzo
Arcebispo Metropolitano de Curitiba
Curitiba, 7 de janeiro de 2025.

Dados Internacionais de Catalogação na Publicação (CIP)

M296m   Manzotti, Padre Reginaldo
         Maria, mais forte que o Mal / Padre Reginaldo Manzotti. –
     Rio de Janeiro: Petra, 2025.
       176 p.; 15,5 x 23 cm

     ISBN: 978-85-82782-17-0

      1. Princípios e valores – cristianismo. II. Título.

                    CDD: 233
                    CDU: 2-184

André Felipe de Moraes Queiroz – Bibliotecário – CRB-4/2242

Conheça outros livros da editora:

Impresso em Avena 70g/m², pela Vozes, em 2025.
O papel de capa é cartão 250g/m².

SUMÁRIO

Introdução
7

Capítulo 1
Preparada para vencer o Mal
11

Capítulo 2
Aquela que põe fim à escuridão
19

Capítulo 3
Cooperadora de Deus, pronta para servir
33

Capítulo 4
A Mãe diante das dores
41

Capítulo 5
A mais perfeita combinação de humanidade e divindade, fé e obediência
51

Capítulo 6
Aquela que nos convida a crescer na fé
71

Capítulo 7
Aquela que caminha conosco nos desertos da vida
87

Capítulo 8
A grande adversária de Satanás
113

Capítulo 9
Mãe da Graça, "muito mais esperta que o Diabo"
123

Orações Marianas
131

Conclusão
170

Referências bibliográficas
173

INTRODUÇÃO

A figura de Maria ocupa lugar de centralidade na teologia cristã, pois ela desempenhou um papel crucial no Plano da Salvação. Ao aceitar ser a mãe de Jesus, não apenas gerou o Filho de Deus, como, acreditando na Palavra divina, demonstrou uma fé irrestrita e uma completa disposição a cumprir a vontade de Deus.

Portanto, a compreensão da maternidade divina de Maria e de sua participação no Mistério da Encarnação e da Redenção é fundamental para a fé cristã, pois nos ajuda a entender o modo como Deus escolheu Se fazer presente na história humana e como Ele, ao encarnar, também escolheu a humanidade de Maria para ser o meio pelo qual a Salvação viria ao mundo.

Ao refletirmos sobre o papel de Maria, reconhecemos a grandeza do Plano da Salvação engendrado por Deus e a importância de nossa própria disposição em colaborar com Ele como a Mãe do Senhor fez, com tanta coragem, perseverança e fé. Embora Maria só seja explicitamente mencionada nos Evangelhos e em algumas cartas do Novo Testamento, sua presença e importância na Obra da Salvação podem ser entendidas a partir de uma leitura mais ampla das Escrituras – do Gênesis ao Apocalipse. Desde os primeiros momentos da humanidade até a consumação dos tempos, Maria se coloca como sinal de esperança e redenção.

Nas tempestades da vida, as tentações do Mal parecem surgir como sombras inquietantes, tentando nos desviar do caminho da retidão. Esses momentos são assustadores e solitários – uma luta interna que desafia nossa força e convicção. No entanto, é precisamente nessas horas que sentir a presença consoladora de Maria, a Mãe Santíssima, agindo em nosso favor é de extremo consolo. As tentações vêm de todas as formas – como dúvidas que corroem a fé, desejos que distorcem a moral, medos que paralisam a ação... Elas sussurram promessas vazias, tentando nos enganar com a ilusão de alívio ou satisfação. Mas, em meio a essas batalhas, a figura serena de Maria se ergue, lembrando-nos da força que vem da humildade e da confiança em Deus.

Ela é realmente "aquela que avança em ordem de batalha" – uma imagem que transmite paz, que dissipa a confusão e a inquietação causadas pelas tentações. Quando rezamos por sua intercessão, sentimos uma renovação de coragem e clareza, sabendo que há uma mão materna pronta para nos guiar a Jesus e um coração cheio de amor para nos acolher.

Maria, com sua fé inabalável e sua obediência total a Deus, é um exemplo brilhante de como resistir às tentações. Ela enfrentou os próprios desafios com graça e força, nunca vacilando em sua confiança no plano divino. Sua vida é uma lição de que, mesmo quando enfrentamos as mais duras provações, é possível encontrar a luz e a verdade ao nos voltarmos para Deus com o coração aberto.

Essa conexão com Maria pode nos dar um senso de propósito e determinação. Ao sentir sua presença protetora, conseguimos enxergar além das ilusões do Mal e manter-nos firmes no caminho do Bem. Sua intercessão não apenas nos protege, como também nos inspira a viver com mais integridade e fé.

Em cada momento de prova, lembrar Maria é um farol de esperança, um foco luminoso a indicar que a vitória sobre o Mal é sempre possível quando nos apoiamos na graça de Deus. Ela é uma guia constante, uma mãe carinhosa e um modelo inspirador de como caminhar pela escuridão.

Ao longo das páginas que se seguem, vamos mostrar detalhadamente por que a figura de Maria, Mãe de Deus e Rainha do Céu, com seu amor materno e capacidade de intercessão divina, ocupa uma posição especial na luta contra as artimanhas do Diabo. Navegaremos juntos pela riqueza espiritual e pela inspiração devocional que emanam de sua vida, incluindo as virtudes que possibilitam a busca pela santidade e a resistência ao Maligno.

Do mesmo modo, apresentamos algumas importantes Orações Marianas, ferramentas preciosas que nos conectam com o amor e a proteção de Maria. Elas nos fortalecem e nos inspiram a seguir seu exemplo de humildade, serviço e fé. São excelentes companhias para todos os momentos da vida.

CAPÍTULO 1
PREPARADA PARA VENCER O MAL

Muitos sabem que, desde o meu nascimento, fui consagrado a Nossa Senhora em razão de uma complicação que ameaçou minha vida. Essa entrega não representou apenas um ato de fé, mas criou um laço profundo que define minha trajetória pessoal.

Ao longo dos anos, sempre senti a proteção de Maria, que, como mãe amorosa, me guiou em todos os momentos de dificuldade. A luta de Maria contra o Diabo se reflete na minha própria batalha contra as adversidades, e sua força e sua sabedoria sempre foram uma fonte de inspiração. Saber que ela, a Nova Eva, enfrentou a serpente com coragem e inteligência me ajudou recentemente a suportar e superar com fé e determinação um grande desafio na minha vida.

No cerne de toda batalha espiritual, ergue-se a figura do Inimigo, aquele que, astuto e sorrateiro, se esconde nas sombras e utiliza a fraqueza humana como sua principal arma. Nenhum confronto é apenas físico, mas sobretudo espiritual – uma luta travada nas profundezas da alma. Cada ataque do Inimigo é um convite ao desespero, à dúvida e à autossabotagem, numa busca por desviar nosso caminho e obscurecer a luz da esperança.

Entretanto, nem eu, nem ninguém, encontra-se sozinho nessa jornada desafiadora. A presença constante de Nossa Senhora se faz sentir como um farol nas noites mais escuras. Mais esperta que o Diabo, sua perspicácia divina e maternal foi o guia que iluminou meus passos, permitindo-me discernir as armadilhas que o Inimigo armava a cada esquina nos momentos de provação. Com seu amor incondicional, ela me ofereceu consolo e força, ensinando-me a importância da fé e da perseverança. Em momentos de fraqueza, quando as vozes do desânimo ameaçavam me abater, era a imagem de Nossa Senhora que se erguia em meu coração, lembrando-me de que a batalha espiritual é parte da jornada e que cada queda pode ser uma oportunidade de renovação. A sagacidade da Mãe de todos não se limitava apenas a me proteger, mas também a me ensinar a arte do combate espiritual, a importância da oração e da reflexão.

Assim, o bom combate que travei não foi apenas uma luta contra um adversário externo, mas uma jornada de autodescoberta e fortalecimento. Com a intercessão de Nossa Senhora, aprendi a enfrentar o Inimigo com coragem, a discernir suas táticas e a não me deixar levar pela desesperança. Cada vitória foi uma confirmação de que, com fé e determinação, é possível superar as adversidades que se apresentam no caminho.

No início dos tempos, quando Deus formou o Céu e a terra, uma semente de esperança foi semeada silenciosamente na história da Criação. No Gênesis, enquanto o mundo ganhava forma e a vida brotava da Palavra divina, a figura de Maria já estava presente, oculta no coração de Deus. Ela não era apenas uma presença invisível; era o segredo sagrado que um dia floresceria para trazer a plenitude da Salvação.

Sim, Deus, com Sua sabedoria divina, teve Maria em seu pensamento desde toda a eternidade, concebendo-a como aquela que ultrapassaria as artimanhas do Maligno.

Maria não estava nas sombras da Criação, mas no centro do mistério divino. O Criador, que conhece o fim desde o princípio, cuidadosamente preparava o ventre que um dia carregaria o Verbo. Embora ainda não nascida, Maria estava entrelaçada no tecido do Gênesis como a flor pura que brotaria da linhagem da humanidade para trazer ao mundo a Redenção prometida.

Em um mundo marcado pela queda e pelo afastamento de Deus, Maria se ergueu como a resposta divina: uma mulher que, em sua obediência perfeita, desafia o Diabo e suas seduções traiçoeiras.

A queda de Adão e Eva marcou o início de um capítulo sombrio na história da humanidade. O homem e a mulher passam a ter o Céu fechado. Todos os dons sobrenaturais de que gozavam se foram. Mas, mesmo diante da escuridão do pecado, Deus fez uma promessa de Redenção: a promessa de uma mulher cuja descendência esmagaria a cabeça da serpente. Gênesis 3, 15 antecipa a vinda de um Salvador a partir da "semente da mulher". Essa mulher, Maria, desponta como a base para a nova Criação que Deus preparou para restaurar a harmonia rompida no Éden. A tradição cristã reconhece que a inimizade estabelecida entre a mulher e a serpente representa não apenas Eva, mas também Maria, a Nova Eva, que colaborou com o plano de Deus para reverter os efeitos do pecado. Maria se tornou, assim, uma figura de resistência e perspicácia – mais sábia que o Diabo, que sempre tentou desvirtuar o plano divino.

Enquanto a serpente enganou Eva, Maria, com sua sabedoria e fidelidade, provou ser o canal da fidelidade a Deus e da vitória sobre o pecado.

O relato do Gênesis nos mostra o início do caos, mas também Maria como prenúncio da reconciliação entre Deus e a humanidade. Sua figura é a resposta à tragédia do Gênesis: uma mulher escolhida para cooperar com a Redenção, desafiando a serpente com sua obediência perfeita. O que começou no jardim com Eva encontrou sua plenitude no "sim" de Maria, a mulher cujo Filho esmagou a cabeça da serpente e abriu um novo caminho para a humanidade em sua caminhada rumo ao Céu.

Desde os primeiros séculos da fé cristã, Maria, a mãe de Jesus, foi venerada como a Nova Eva, desempenhando um papel singular no grande drama da Salvação. Enquanto Eva desobedecera e trouxera a desgraça, Maria, com seu "sim", abriu as portas para a vinda do Salvador. A Igreja Católica reconhece essa interpretação teológica, vendo Maria como o contraponto de Eva na economia salvífica.

A inimizade entre Maria e a serpente é notória. No primeiro livro bíblico, Deus declara a inimizade de "uma mulher" com o Diabo, e a tradição católica sempre foi firme ao interpretar o trecho como uma referência a Maria, cuja descendência, personificada em Jesus, venceu definitivamente o pecado. E isso não é coisa do passado, uma crença "medieval": a *Lumen gentium*, um dos mais importantes textos do Concílio Vaticano II, é veemente em localizar Maria como a mulher em constante oposição ao Mal. *Lumen gentium* (Luz dos Povos) é a Constituição Dogmática da

Igreja Católica. Ela expressa e constitui o conjunto de crenças e dogmas dos católicos, representando as verdades da fé. Este valioso documento dedica todo o capítulo VIII à Virgem Maria. De acordo com a doutrina católica, aqueles que não acreditam no que está presente na *Lumen gentium* não podem ser considerados católicos.

Além de Eva, outras figuras femininas do Antigo Testamento antecipam a força da Virgem. Sara, por exemplo, ao dar à luz Isaac, o herdeiro da promessa, prenuncia a concepção virginal de Maria. Assim como Sara desafiara as limitações humanas, Maria se tornou o cumprimento da promessa de Deus, trazendo ao mundo o Messias. Mulheres como Rebeca e Raquel, com suas histórias de fé e perseverança, também apontam para Maria como a mãe definitiva, não apenas do povo de Israel, mas de toda a humanidade.

De todo modo, a presença implícita de Maria no Gênesis nos convida a refletir sobre a maneira como Deus, com paciência e sabedoria, guia a humanidade em direção à Redenção. O plano divino, traçado desde o início, se desenrola de forma silenciosa mas decisiva, culminando no "sim" daquela jovem de Nazaré. Seu papel transcende a história!

Ao revisitar o Gênesis, somos lembrados de que a verdadeira transformação do mundo se dá pela fé e pela abertura ao mistério da Providência Divina, um tema que ressoa profundamente na experiência humana. Especialmente quando pensamos na figura de Maria, a mãe de Jesus. Ela é um símbolo poderoso da aceitação e da entrega ao plano divino, representando a interseção entre Terra e Céu, entre o visível e o invisível.

Desde o momento da Anunciação, quando o anjo Gabriel a visitou, Maria manifestou uma disposição impressionante em acolher o mistério que a envolvia. Sua resposta, "Eis aqui a serva do Senhor", é um testemunho de fé e confiança inabaláveis. Ao aceitar o convite de Deus para ser a mãe do Salvador, Maria não apenas transformou a própria vida, mas também abriu as portas para a transformação do mundo.

A Providência Divina, manifestada por intermédio da vida e da missão mariana, revela-se em cada aspecto de sua história. Ela não é apenas uma figura passiva na realização do plano salvador, mas ativíssima. Sua visita à prima Isabel, onde entoou o *Magnificat*, aquele maravilhoso hino de louvor que celebra a grandeza de Deus e a Sua ação na história, revela de que forma Maria age como um verdadeiro "canal de bênçãos", refletindo a luz da Providência Divina sobre todos ao seu redor.

O mistério da Providência não é sempre claro ou fácil de compreender. Muitas vezes, ele se manifesta em situações de dor, perda e incerteza. No entanto, a atitude da Virgem nos ensina a confiar mesmo quando os caminhos parecem obscuros. Sua vida é um testemunho de que a entrega a Deus pode gerar frutos inimagináveis em meio às maiores dificuldades.

Além disso, a presença de Maria nas bodas de Caná, onde intercedeu por aqueles que enfrentaram a falta de algo tão importante para a alegria, o vinho, nos lembra da importância de abrir nossos corações à Providência. Ela nos convida a reconhecer nossos limites e a buscar a ajuda do Alto, confiando em que Deus sempre tem um plano maior em mente: Ele não só impede a falta do vinho, mas faz com que esse vinho seja o melhor de todos.

Como disse, a abertura de Maria ao mistério da Providência Divina não apenas transformou sua vida, como também deu início a uma nova era na história da Salvação. Quanto a nós, devemos nos sentir inspirados a nos abrir ao que Deus tem reservado para nós, a confiar em Sua sabedoria e a reconhecer que, mesmo nas situações mais desafiadoras, a Providência está sempre operando em nosso favor, guiando-nos em direção à plenitude da vida.

Modelo de fé, esperança e amor, Maria é a mulher que, com sabedoria e coragem, opôs-se frontalmente ao Diabo e triunfou sobre as trevas com a luz do Salvador. E, assim, ela segue nos convidando a participar dos desígnios que Deus preparou para cada um de nós.

CAPÍTULO 2
AQUELA QUE PÕE FIM À ESCURIDÃO

Maria trouxe ao mundo a Luz que ilumina todas as trevas do pecado e da morte: Jesus Cristo.

Esse pensamento ressoa profundamente no meu coração e me faz refletir sobre o papel central de Maria na história da Salvação, em especial sobre sua lucidez e determinação em combater as forças do Mal.

Desde o momento da Anunciação, quando o anjo Gabriel a cumprimentou e anunciou que ela seria a mãe do Filho de Deus, Maria demonstrou uma coragem e uma sagacidade notáveis. Ao aceitar o chamado divino, não apenas se comprometeu a dar à luz Jesus, como também a se tornar um símbolo de resistência contra as tentações e manipulações do Diabo.

Poucos de nós se dão conta, mas toda a sua vida foi marcada por um constante enfrentamento das trevas, desde a perseguição em Belém até as dificuldades que suportou durante o ministério de seu Filho.

A esperteza de Maria se revela na maneira como ela se posicionou diante dos desafios. Em lugar de se deixar dominar pelo medo e pela dúvida, ela confiou plenamente em Deus. Essa confiança permitiu que ela se tornasse um pilar de força e fé.

Em momentos críticos, como nas bodas de Caná, quando o vinho acabou, Maria não hesitou em interceder, apontando para a necessidade de fé e ação. Ela sabia que, mesmo em situações aparentemente sem solução, a luz de Cristo poderia brilhar, revelando novas possibilidades e trazendo esperança.

E quanto a nós, temos a sabedoria de esperar a tormenta passar e confiar em Deus?

"Ah, Padre, mas eu espero, espero e nada muda."

Filhos e filhas, em primeiro lugar, o tempo de Deus não é o tempo do mundo. Não podemos nos esquecer disso.

Além disso, a forma de Maria combater o Mal não foi esperneando nem buscando encrenca feito uma regateira, como se dizia na minha infância, fazendo grosseria e malcriação; ela o fazia por meio de uma presença silenciosa, mas nem por isso menos poderosa. Sua vida de oração e devoção a Deus a tornava uma guerreira espiritual capaz de enfrentar o Diabo com a força da fé. Ao permanecer firme em sua missão e em sua relação com Deus, Maria se tornou um exemplo de como a sutileza e a fé podem ser aliadas na luta contra as trevas.

Não à toa ela é reconhecida como a Mãe da Igreja, e seu papel de intercessora faz total diferença na vida dos cristãos. Por meio de suas orações e da sua vida exemplar, Maria nos ensina a combater as tentações do mundo, guiando os fiéis em direção à luz de Cristo. Sua perspicácia é uma forma de resistência que nos ensina a permanecer vigilantes e firmes na fé, a reconhecer as armadilhas do Mal e a escolher sempre o caminho da luz.

Mas como o universo aguardou e reagiu ao cumprimento da promessa divina de dar ao mundo a mulher que esmagaria a cabeça da serpente? Mergulhemos mais a fundo nos primórdios dessa história.

Nascimento de Maria

Diferentemente das grandes celebridades, a mulher que seria chamada de "Bendita" por todas as gerações nasceu sem pompas e circunstâncias, no anonimato de uma casa simples. Não obstante, sua existência era uma resposta ao anseio da humanidade por redenção.

O nascimento de Maria pode ser considerado um evento silencioso, mas profundamente transformador, que impactou não apenas a vida de seus pais. Ao vir ao mundo, Maria trouxe consigo a promessa de um novo tempo, ainda que de maneira discreta e quase imperceptível aos olhos humanos.

Sua chegada foi como uma estrela brilhante no céu, um prenúncio de esperança que ressoava através do tempo, conectando o início da Criação ao cumprimento de um plano muito mais grandioso. Aliás, Maria é chamada "Estrela da Manhã", pois, assim como a estrela da manhã (Vênus) antecede o nascer do sol, Maria precede a chegada de Jesus, o "Sol da Justiça". A estrela da manhã ilumina o céu e orienta os viajantes; Maria é a guia que ilumina o caminho para Jesus e nos conduz até Ele.

Apesar de nenhum sinal extraordinário ter marcado o momento do nascimento de Maria, ele continha um propósito divino que se revelaria de maneira sublime no decorrer de sua vida. Maria nasceu não apenas para si, mas para ser a serva do Senhor, a nova Arca da Aliança. A aliança entre o humano e o divino, preparada desde os tempos mais remotos, começava a se delinear.

Os Evangelhos canônicos (Mateus, Marcos, Lucas e João) fornecem pouquíssimas informações sobre os aspectos da vida de Maria – não porque ela não merecesse, mas porque o foco central de tudo é Jesus. Maria jamais quis atrair para si a importância que cabia a Seu Filho.

Porém, pode ser inspirador conhecer os raros fatos sobre sua vida – alguns provenientes dos Evangelhos canônicos, outros de fontes apócrifas e, ainda, da tradição oral que percorreu os tempos –, de modo a compreendermos que ela não foi uma simples mulher, mas aquela preparada desde sempre para receber em seu ventre o Filho de Deus e ser a maior pedra de tropeço a Satanás.

Evangelhos apócrifos são escritos religiosos que relatam aspectos da vida de Jesus, Maria e dos apóstolos, mas não fazem parte dos livros oficialmente aceitos pela Igreja como "inspirados" ou autênticos. O termo "apócrifo" vem do grego "*apokryphos*", que significa "escondido" ou "oculto".

Segundo a tradição apócrifa, especialmente o Protoevangelho de Tiago, os pais de Maria foram Joaquim e Ana, que são reverenciados como santos na tradição cristã. O texto sugere que Joaquim e Ana eram idosos e não conseguiam ter filhos. Depois de muita oração e jejum, um anjo apareceu a Ana e anunciou que ela teria uma filha, prometida a Deus desde o nascimento.

Assim, Maria seria fruto de um milagre divino.

De acordo com o Protoevangelho de Tiago, Maria foi apresentada no Templo de Jerusalém ainda criança, aos 3 anos, por seus pais, como forma de agradecer a Deus por sua concepção. Ela teria sido consagrada e vivido parte de sua infância dedicada ao serviço do Templo, em oração e estudo. Isso a ajudaria em sua preparação espiritual para o papel que desempenharia no futuro.

Outra curiosidade, menos conhecida, é a tradição que afirma que Maria foi cuidada por anjos enquanto estava no Templo. O Protoevangelho de Tiago menciona que anjos traziam comida para ela e a protegiam. Embora essa narrativa tenha um caráter simbólico, reforça a visão teológica de Maria como figura especial, escolhida por Deus para um propósito divino. A tradição sugere que Maria viveu uma vida de pureza e profunda devoção desde a infância, cultivando uma intimidade única com Ele.

Adolescência e promessa de casamento

Se a infância de Maria é envolta em mistério, sua adolescência também se baseia mais nas tradições e no que a Igreja entende sobre sua vida espiritual do que em relatos históricos detalhados. Sabemos que Maria, como jovem judia de Nazaré, teria vivido uma vida simples, marcada pelo trabalho diário, pela oração e pela participação nas tradições de sua comunidade.

Quando ela atingiu a puberdade, segundo a mesma tradição, os sacerdotes do Templo buscaram encontrar um esposo para ela, pois não era permitido que ela permanecesse no Templo após atingir idade fértil. Por inspiração divina, José, um carpinteiro já mais velho, foi escolhido para ser seu marido.

Muitas curiosidades envolvem a escolha de José. Segundo o Protoevangelho de Tiago, um sinal seria mostrado num dos bastões dos candidatos. Após uma oração, os bastões foram entregues aos respectivos donos, e foi justamente do de José que uma pomba saiu, mostrando que ele deveria ser o marido de Maria. Quando José foi informado sobre sua escolha, ficou surpreso, mas, ao mesmo tempo, com um profundo senso de responsabilidade, aceitou desposar a jovem.

A lenda do lírio

Há outra bela história que envolve a escolha de José e que reflete os valores da pureza e da justiça, lançando luzes sobre o plano divino para a Sagrada Família. Essa lenda é frequentemente associada à tradição cristã e ilustra a natureza especial da vocação de José.

Diz a lenda que, quando chegou o tempo de escolher um marido para Maria, o sacerdote da sinagoga, que tinha a responsabilidade de encontrar um noivo para a jovem, convocou todos os homens da região. Ele pediu que cada um trouxesse um bastão e que, em ato de fé, orasse a Deus para que o escolhido fosse revelado.

Os homens se reuniram, e cada qual trouxe seu bastão, ansioso por mostrar a própria força e dignidade como candidato ao coração de Maria. Após as preces, o sacerdote colocou os bastões em um altar e pediu a Deus que enviasse um sinal claro sobre quem deveria ser o escolhido.

No momento em que o sacerdote elevou suas preces, uma luz celestial iluminou o altar e uma força sobrenatural fez com que um dos bastões florescesse, revelando um lindo lírio branco. O bastão que floresceu era o de José, um homem justo e trabalhador, conhecido por sua humildade e integridade. O lírio, símbolo de pureza e virtude, era um sinal claro de que ele era o escolhido por Deus para ser o marido de Maria.

Na tradição cristã, frequentemente associa-se o lírio à pureza e à santidade. A flor branca representa a virtude de Maria e a missão divina que ela estava prestes a aceitar. A escolha de José, então, não apenas destaca sua própria justiça, mas também sublinha a importância da pureza e da santidade no relacionamento que seria estabelecido entre ele e a esposa.

Histórias à parte, o fato é que a escolha de José para desposar Maria é um testemunho do plano soberano de Deus. Ele foi escolhido não apenas por sua justiça, mas também por sua disposição em seguir a vontade divina, mesmo quando isso se deparasse com desafios pessoais. Sua vida e integridade formaram o ambiente em que Jesus cresceu, fornecendo um modelo de valores, virtudes e caráter.

José é um exemplo de como a obediência e a fé podem moldar a história de maneira extraordinária. Ele mostra que Deus pode trabalhar por intermédio de vidas comuns para cumprir Seus propósitos.

O "sim" de Maria

Nos desígnios misteriosos de Deus, o início da Obra da Salvação se deu com o sim de uma jovem humilde. Maria, a escolhida, tornou-se o ponto de partida para o maior ato de amor da história. No silêncio de Nazaré, Deus inclinava-se para a humanidade; e, em Maria, o eterno desígnio de Salvação começava a ganhar forma.

O "sim" de Maria, também conhecido pela expressão latina *fiat*, cujo significado é "faça-se", constitui um dos momentos mais extraordinários da história da Salvação, um ato de fé e entrega que transcende o simples consentimento. Quando o anjo Gabriel anunciou a ela que seria a mãe do Filho de Deus, ela não apenas aceitou a missão divina, como também abriu uma nova dimensão na relação entre homem e Deus. Não foi uma resposta passiva, mas uma escolha ativa e consciente, marcada pela coragem e pelo profundo amor ao Criador.

Muitos podem pensar: "Mas, Padre, qual mulher não gostaria de ser mãe do Filho de Deus?"

Ora, isso nos leva novamente à pureza de Maria.

De acordo com a doutrina católica, Maria, a mãe de Jesus, foi concebida sem a mancha do pecado original, sendo preservada desde o primeiro instante de sua concepção. Consequentemente, Maria não experimentou os efeitos do pecado original, como o orgulho, a vaidade, a soberba, a concupiscência e outros vícios que normalmente assolam a natureza humana. O arcanjo Gabriel a saúda: "Ave, cheia de graça." Isso quer dizer plena da graça e das virtudes.

Essa condição especial de Maria a distinguia dos demais, permitindo que seu "sim" fosse livre de qualquer influência. Ela teve total liberdade para decidir e estava completamente ciente das consequências sociais, culturais e pessoais de sua aceitação.

Quando se viu grávida, Maria e José já tinham passado pelos *esponsais*, isto é, já estavam legalmente casados; no entanto, ainda não coabitavam – esta era a segunda "parte" do matrimônio judaico. De acordo com os costumes e leis da sociedade da época, uma gravidez nesse momento seria escandalosa. Teria graves consequências sociais e legais, que poderiam levar ao ostracismo... na melhor das hipóteses.

De fato, os próprios parentes de Maria e a comunidade local poderiam rejeitá-la e expulsá-la por ter "manchado" a honra familiar. Além disso, a relação com José poderia até ser rompida, caso ela fosse acusada de infidelidade. E isso, para piorar, poderia ser passível de apedrejamento (Dt 22, 23-24).

Ainda assim, ela não hesitou. O seu "sim" revelou uma confiança inabalável no plano de Deus, mesmo diante de um futuro incerto e potencialmente perigoso. Essa entrega total e sem reservas demonstra maturidade na fé, em que o amor e a confiança em Deus superam o medo do desconhecido.

É interessante que Maria não tenha bombardeado o anjo com perguntas. Ela levantou apenas uma questão que, neste caso, mostrava sua disponibilidade em fazer as coisas da melhor maneira possível. Ela queria entender como as coisas aconteceriam para colaborar melhor com a vontade de Deus: "Como se fará isso, pois não conheço homem algum?" (Lc 1, 34).

O arcanjo Gabriel não deu explicações detalhadas nem esboçou as implicações futuras. Segundo o texto bíblico, simplesmente disse que o Espírito Santo viria sobre ela, que o poder do Altíssimo a cobriria e Aquele que nasceria seria chamado Filho de Deus (Lc 1, 35). Em seguida, Gabriel mudou de assunto, falando de Isabel, e terminou o diálogo com uma declaração fantástica: "Para Deus nada é impossível" (Lc 1, 37).

Aqui abro um parêntese para dizer que, em momentos de grande angústia e incertezas, como eu mesmo já pude viver, ter isso no coração sempre traz conforto e tranquilidade. É a lembrança de que Deus está no comando mesmo quando tudo parece fora de controle, e o impossível Ele fará.

Maria absorveu o que o anjo disse, e sua resposta foi imediata e precisa: "Eis a serva do Senhor. Faça-se em mim segundo a tua palavra" (Lc 1, 38).

Só nesse episódio da Anunciação, podemos destacar quatro exemplos da Virgem Maria que devemos seguir:

A fé
Ela acreditou na palavra do anjo, mesmo diante do inexplicável.
A humildade
Ela se colocou à disposição de Deus para cumprir Sua vontade.
O serviço
Ela prontamente foi visitar Isabel, demonstrando preocupação com o outro. Entendeu que o anjo não mencionara sua prima à toa.
A alegria e o louvor
Ela quis compartilhar sua alegria com a prima. O *Magnificat* entoado por Maria revela sua gratidão a Deus.

A resposta de Maria ao chamado divino nos inspira a acolher e responder com fé e coragem os planos de Deus em nossa vida.

José, o justo

A atitude de José ao descobrir que Maria estava grávida sem qualquer contato conjugal com ele é um exemplo da complexidade dessa situação. Ele pensou em repudiá-la não por desconfiar dela, mas por entender que "não se encaixava" numa situação que não compreendia. Sua intenção era agir com compaixão e justiça, em vez de expô-la ao público e a uma punição severa (Mt 1, 19-21). E, ao ir embora, carregaria a culpa consigo aos olhos de toda a sociedade.

José, o humilde carpinteiro de Nazaré, também teve um papel fundamental na história da Salvação. Em um de seus sonhos mais significativos, um anjo do Senhor apareceu-

-lhe e disse: "José, filho de Davi, não temas receber Maria, tua esposa, pois o que nela foi gerado é do Espírito Santo. Ela dará à luz um filho, e tu lhe porás o nome de Jesus, porque ele salvará o seu povo dos seus pecados" (Mt 1, 20-21).

Não podemos deixar de registrar quão louvável foi a atitude de José, que acreditou no que o anjo lhe anunciou em sonho a respeito da ação do Espírito Santo sobre Maria, aceitando a mensagem sem hesitação. Sua resposta foi igualmente exemplar no serviço ao projeto divino, mostrando um profundo senso de dever e fé.

José, um homem justo e obediente compreendeu que seus próprios sonhos e planos deveriam ser alinhados com a vontade de Deus. Ao acolher Maria e Jesus, ele demonstrou uma fé inabalável e uma confiança plena no plano divino.

José assumiu a responsabilidade de proteger Maria, acolhendo-a como esposa apesar das possíveis repercussões sociais e culturais. Além disso, cuidou de Jesus como seu próprio filho, garantindo a segurança e o sustento da família, inclusive quando, após a visita dos Magos do Oriente, um anjo do Senhor apareceu a José em sonho e disse: "Levanta-te, toma o menino e sua mãe, e foge para o Egito; e permanece lá até que eu te avise, pois Herodes procurará o menino para matá-lo" (Mt 2,13). José, sendo obediente e fiel, levantou-se durante a noite, tomou o menino Jesus e sua mãe, e partiu para o Egito. Assim, ele protegeu a Sagrada Família das ameaças de Herodes, que havia ordenado a matança de todos os meninos em Belém e nas redondezas na tentativa de eliminar o recém-nascido "Rei dos Judeus". Mais tarde, também por meio de sonho, José recebeu a mensagem para voltar e se estabelecer em Nazaré. José, além de provedor, foi aquele que transmitiu as tradições da fé judaica no ambiente familiar em que Jesus cresceu e se desenvolveu. O exemplo de São José nos inspira a confiar em Deus, a acolher Sua vontade em nossas vidas e a trabalhar com dedicação para tornar realidade os planos que Ele tem para nós. Pois, como diz o provérbio, "sonhos todos temos, mas sonho que se faz realidade, somente com Deus".

José, um homem justo e obediente compreendeu que seus próprios sonhos e planos deveriam ser alinhados com a vontade de Deus. Ao acolher Maria e Jesus, ele demonstrou uma fé inabalável e uma confiança plena no plano divino.

O plano de Deus para a Salvação do mundo, portanto, começou não com um ato grandioso ou um sinal dos Céus, mas com o "sim" de uma jovem em Nazaré. Na sua simplicidade, Maria abriu as portas do tempo à eternidade. Ao aceitar o mistério de se tornar mãe do Filho de Deus, ela se tornou também a primeira discípula, a primeira a crer plenamente na promessa de Salvação. Em Maria, Deus encontrou uma resposta de confiança absoluta, inaugurando a nova aliança entre o homem e Deus.

Ao refletirmos sobre a vida de Maria, somos inspirados por:

> Sua fé inabalável.
> Sua disposição em dizer "sim" ao chamado divino.
> Sua coragem de enfrentar os obstáculos e contradições.

Sigamos o exemplo de Maria, dizendo "sim" a Deus e nos unindo a ela na luta contra nossas más inclinações, para que possamos alcançar a Salvação e a vida eterna.

CAPÍTULO 3
COOPERADORA DE DEUS, PRONTA PARA SERVIR

No contexto da batalha entre o Bem e o Mal, Maria não é uma figura inativa. Sua atuação é essencial na Obra da Redenção, desempenhando um papel singular que, fundamentado no seu papel de Mãe do Salvador, transcende a maternidade pura e simples como a entendemos.

Desde o momento da aceitação do chamado divino, quando disse "sim" à embaixada do anjo, Maria se tornou instrumento vital no plano de Deus para a Salvação da humanidade. E não podemos esquecer que a própria escolha de Maria como mãe do Salvador não é um acaso, mas uma decisão tomada por Deus – e com endereço certo.

Costumo dizer que, quando somos escolhidos pela nossa essência, a missão dada já está 50% cumprida. No caso de Maria, sua disposição em acolher o Verbo feito carne apenas confirmou perante Deus os atributos que levaram à sua escolha: humildade, coragem e fé inabalável.

Ao consentir na vontade divina, Maria abriu as portas da Redenção, permitindo que a Luz do mundo entrasse na escuridão da condição humana.

Maria é denominada a Nova Eva justamente porque sua obediência contrasta com a desobediência da primeira mulher. Essa relação simbólica reforça sua importância na batalha espiritual, onde ela não apenas suporta a dor e o sofrimento, mas também se põe em combate contra o Inimigo por meio de sua intercessão e proteção.

Nesse sentido, a conduta de Maria é um dos principais modelos de como cada um de nós pode combater as forças do Mal. Veremos isso adiante.

Maria não se limitou a ser uma figura passiva na história da Salvação. Ao longo da vida de Jesus, sua presença constante demonstra um compromisso ativo com a missão redentora de seu Filho. Desde a visita a Isabel, quando proclamou as grandezas do Senhor, até a entrega do Filho do Homem na Cruz, em que ela se uniu profundamente a Cristo, passando por sua intercessão para que Jesus realizasse Seu primeiro milagre, ela exerceu o papel crucial de medianeira. Maria participou ativamente da missão de seu Filho, atuando como modelo de entrega.

Lembremos que o papel de Maria também se estende para além da sua vida terrena. Assunta aos Céus, ela segue intercedendo por nós, seus filhos, na luta contra as forças do Mal. E o faz como uma mãe amorosa. É a mais amorosa das mães.

A presença de Maria na vida da Igreja, por exemplo, é um testemunho contínuo de sua atuação na Obra da Redenção. Como mãe espiritual, ela guia e sustenta os fiéis em sua jornada de fé, oferecendo um exemplo de virtude e devoção.

Maria é uma intercessora poderosa, um modelo de fé e uma presença que nos inspira a ser agentes de mudança em nossas próprias vidas e comunidades. Em um mundo frequentemente marcado pela escuridão, a luz de Jesus refletida em Maria brilha intensamente, lembrando-nos de que, na luta pela Redenção, cada um de nós é chamado a agir, a amar e a servir, assim como ela fez.

Nova Eva e mulher de virtudes excelsas

Embora seja Jesus Cristo quem realiza a vitória definitiva sobre o Mal, Maria, como mãe e colaboradora da Redenção, participa de maneira única dessa batalha.

Ao longo da história da Salvação, Deus se comunicou com seu povo de muitas formas, até que, chegada a plenitude dos tempos, enviou Seu Filho, nascido de uma mulher (Gl 4, 4). A descendência da mulher, que esmagará a cabeça da serpente, é uma referência clara a Jesus. O filho de Maria é aquele que derrotou Satanás pela Sua morte e Ressurreição.

Repito: o papel de Maria na Obra da Salvação não foi apenas o de mãe do Messias. Sua participação na Obra da Redenção começa com o "sim" dado no momento da Anunciação, culmina aos pés da Cruz e perdura até o juízo final.

O "sim" de Maria, em sua pureza e obediência, ecoou pela eternidade; trouxe Aquele que abriria as portas do Céu com sua morte. Ali, no instante de sua aceitação, Céu e Terra se rejubilaram.

Ao longo da Obra da Salvação, sua presença foi constante, como mãe e discípula, como intercessora e modelo de fé. Ela não esteve presente apenas na Encarnação, mas participou ativamente da vida de seu Filho, tornando-se parte inseparável do mistério redentor.

Antes mesmo do nascimento de Jesus, Maria, levando-o em seu ventre, foi até sua prima Isabel e anunciou a Boa-nova. Por ocasião do nascimento, ela apresentou o Filho aos pastores e magos. Apresentou-o ao Templo, como era de costume. E, quando o Menino Jesus, aos 12 anos, ficou em Jerusalém, Maria, preocupada, percorreu o caminho de volta a Jerusalém para procurá-Lo e, ao encontrá-Lo no Templo, ouviu, guardou e meditou em seu coração as palavras d'Ele (Lc 2, 49).

No início da vida pública de Jesus, Maria intercedeu e conseguiu que Ele realizasse seu primeiro milagre nas bodas de Caná, transformando a água em vinho (Jo 2, 1-9). No momento mais angustiante da vida de Jesus, ela esteve ao Seu lado, compartilhando de Sua dor e sofrimento.

Maria permaneceu firme e fiel aos pés da Cruz, e o desdobramento dessa atitude foi definitivo para o seu reconhecimento como a Nova Eva. Quando Jesus disse: "Mulher, eis aí o teu Filho"; e, a João: "Eis aí tua mãe", não só cuidou do futuro de Sua mãe, mas também estabeleceu Maria como mãe espiritual de todos os discípulos e, por extensão, da Igreja inteira (Jo 19, 26-27).

Ao se dirigir à Sua mãe por "mulher", Jesus não demonstrou distanciamento ou falta de respeito. Pelo contrário, remeteu justamente ao modo como Deus se referia à Eva quando de sua Criação. Ao chamar Maria de "mulher", Jesus está confirmando o cumprimento da promessa de que uma mulher geraria uma descendência que esmaga a cabeça da serpente.

Maria, como a Nova Eva, é a mãe espiritual de todos os filhos de Deus.

Após a Ressurreição e a ascensão de Jesus, Maria permaneceu unida aos apóstolos no Cenáculo, orando e aguardando o cumprimento da promessa do Espírito Santo. Aos seus pés nasceu a Igreja.

Maria recebeu da Igreja primitiva o título de *Theotokos*, que significa "portadora ou mãe de Deus", o que reitera a sua importância. O documento dogmático mais importante do Concílio Vaticano II, a *Lumen gentium*, assim escreve a respeito da Virgem:

> A Sagrada Escritura do Antigo e Novo Testamento e a venerável Tradição mostram de modo progressivamente mais claro e como que nos põem diante dos olhos o papel da Mãe do Salvador na economia da Salvação. Os livros do Antigo Testamento descrevem a história da Salvação, na qual se vai preparando lentamente a vinda de Cristo ao mundo. Esses antigos documentos, tais como são lidos na Igreja e interpretados à luz da plena revelação ulterior, vão pondo cada vez mais em evidência a figura de uma mulher, a Mãe do Redentor. A esta luz, Maria encontra-se já profeticamente delineada na promessa da vitória sobre a serpente (cf. Gn 3,15), feita aos primeiros pais caídos no pecado. Ela é, igualmente, a Virgem que conceberá e dará à luz um Filho, cujo nome será Emanuel (cf. Is 7,14; cf. Mq 5, 2-3; Mt 1, 22-23). É a primeira entre os humildes e pobres do Senhor, que confiadamente esperam e recebem a Salvação de Deus. Com ela, enfim, excelsa Filha de Sião, passada a longa espera da promessa, se cumprem os tempos e se inaugura a nova economia da Salvação,

quando o Filho de Deus dela recebeu a natureza humana, para libertar o homem do pecado com os mistérios da Sua vida terrena.

Profundamente ligada à obra realizada por Jesus Cristo, Maria se tornou a primeira e mais perfeita discípula de Cristo, modelo de fé e de virtudes para todos os cristãos.

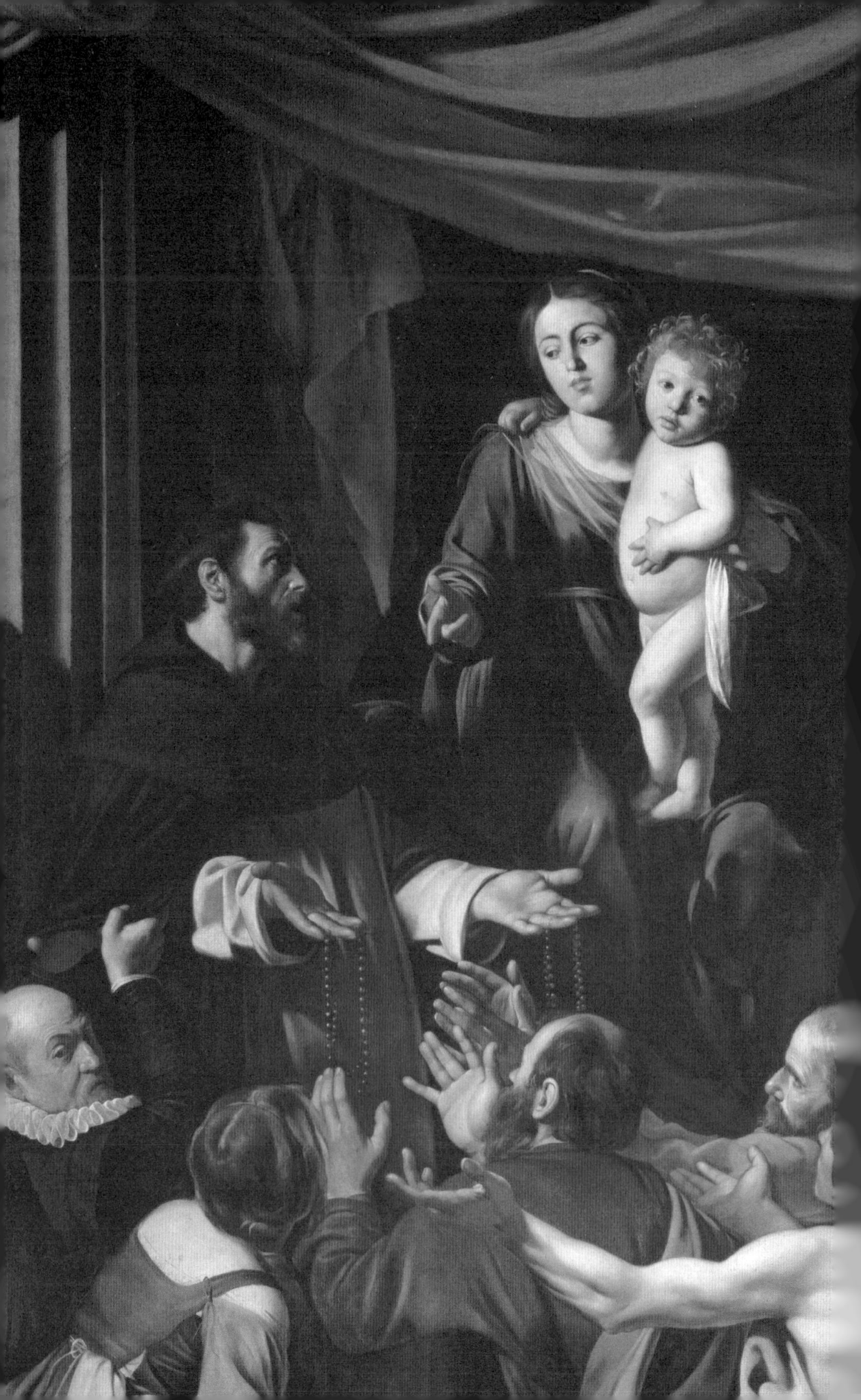

CAPÍTULO 4
A MÃE DIANTE DAS DORES

Costumo dizer às pessoas que se aproximam de Deus que se preparem, porque os tormentos e as tentações virão. Satanás faz de tudo para nos afastar e nos tirar da comunhão com o Altíssimo.

Ao contemplarmos a vida da Virgem Maria, fica evidente que, quanto mais próxima ela estava de Deus, mais o Maligno a atormentava. Mesmo sendo a Mãe do Salvador, e apesar de sua dignidade e graça singular, Maria não foi poupada das provações e sofrimentos que acometem a condição humana.

Ao contrário, desde a Anunciação até a Crucificação de seu Filho, as dores que Nossa Senhora carregou foram profundas e angustiantes, marcando cada etapa de sua vida com uma intensidade emocional única.

Essa é uma realidade que nos revela a grandeza da fé e da missão da Mãe de Jesus. Afinal, se Maria foi escolhida por Deus para ser a Mãe do Salvador, nada mais natural do que Satanás tentar a todo custo afastá-la dessa sagrada missão. Quanto mais ela se entregava, mais o Inimigo buscava enfraquecê-la com angústias emocionais, tentando impedir o cumprimento do plano divino para nossa Redenção.

Contudo, a Virgem Maria não se deixou abater e, com confiança em Deus, enfrentou cada uma das dores que lhe foram impostas.

Mergulharemos doravante nas sete dolorosas passagens da vida de Maria. Descobriremos não apenas a extensão de sua dor, mas também a força de sua fé inabalável. Suas dores não são apenas de fatos de um passado distante, mas representam a realidade de muitos que enfrentam desafios e tristezas. De fato, cada uma dessas dores nos revela um aspecto fundamental da experiência humana, despertando em nós sentimentos como compaixão, consolo e esperança em meio às nossas próprias tribulações e às tribulações de quem amamos.

Primeira dor de Maria: a profecia de Simeão

Maria e José levaram o Menino Jesus ao Templo para ser apresentado, conforme a tradição judaica.

Uma vez lá, encontraram o piedoso Simeão, a quem o Espírito Santo havia revelado que não morreria antes de ver o Messias prometido pelo Senhor. Simeão os abençoou e, ao tomar Jesus nos braços, profetizou a dor que Maria enfrentaria:

> Este menino está destinado a ser uma causa de queda e de soerguimento para muitos em Israel, e a ser um sinal que provocará contradições, a fim de serem revelados os pensamentos de muitos corações. E uma espada transpassará a tua alma (Lc 2, 25-35).

A dor de Maria começa com o conhecimento antecipado do sofrimento que seu Filho enfrentaria. Fico pensando que, como mãe, lembrar todos os dias que Jesus sofreria uma enorme dor e um imenso sacrifício deve ter sido um peso grande de carregar. Não fosse a fé inabalável de Maria e a certeza de que Deus é um bom Pai, todo momento de alegria com Ele teria sido ofuscado pela sombra dessa profecia. A imagem da espada que transpassaria sua alma simboliza a agonia interior que ela experimentaria ao longo de sua vida, especialmente durante a Paixão e Crucificação de Jesus.

A tradição cristã venera Maria como a Mãe das Dores, aquela que compartilhou intimamente do sofrimento de Seu Filho. A primeira dor de Maria nos diz muito sobre a resiliência e a esperança que podem emergir mesmo das experiências mais dolorosas. Maria, em sua dor, não se desespera, mas permanece firme em sua fé e confiança em Deus. Ela se torna um modelo de fortaleza espiritual, lembrando-nos de que, mesmo nas horas mais sombrias, não estamos sozinhos: mesmo diante das maiores provações, é possível encontrar força e propósito sob a confiança em Deus.

Nessa passagem, Maria nos inspira a ter coragem e compaixão, bem como a abraçar nossas cruzes com a mesma dignidade e o mesmo amor que ela demonstrou.

Segunda dor: a fuga para o Egito

Mais adiante, a Sagrada Família deparou-se com uma ameaça iminente: Herodes, temendo perder seu trono diante do nascimento do "Rei dos Judeus", ordena a matança de todos os meninos com menos de 2 anos de idade.

Eis a extensão da maldade e do ódio do Maligno contra Cristo! Herodes foi um instrumento nas mãos de Satanás para tentar destruir o Messias antes mesmo de Seu ministério começar.

Avisado em sonho pelo anjo sobre o perigo que Jesus corria, José pegou Maria e o Menino e fugiu para o Egito, enfrentando as adversidades do caminho (Mt 2, 13).

Como os refugiados que vemos hoje em diversas regiões do planeta, a dor de Maria é a dor do exílio, do deslocamento, da incerteza. Eles tiveram de deixar sua terra, seus laços familiares e a segurança de sua comunidade, bem como a segurança de um trabalho já estabelecido. Essa dor da separação destaca também o sacrifício que os pais devem fazer em nome da proteção de seus filhos.

A dor de Maria é um reflexo das lutas enfrentadas por muitos, em todo o mundo, que lutam para garantir a segurança dos seus. Ela nos ensina muito sobre resistência e adaptação, lembrando-nos de que nossas vontades e nossas seguranças pouco importam diante do dever para com Deus e para com aqueles que Deus nos confiou.

O Senhor nos inspira a confiar em Sua Providência mesmo quando o caminho parece sombrio e incerto.

Terceira dor: a perda e o reencontro de Jesus no Templo

Após a celebração da Páscoa em Jerusalém, os pais de Jesus perceberam que Ele, então com 12 anos, não estava na caravana dos viajantes que retornavam para Nazaré (Lc 2, 41-52). A angústia de Maria ao descobrir que seu Filho desaparecera é uma experiência com a qual muitos pais podem se identificar. E também representa um medo constante de muitas famílias.

Por três dias, Maria e José fizeram o caminho de retorno em busca de Jesus, sentindo uma mistura de preocupação, medo e incerteza. Iam perguntando entre os viajantes de sua comunidade se o Menino não se encontrava entre eles... Até que, chegando a Jerusalém, acharam-nO no Templo. Que alívio!

Jesus estava entre os mestres, ouvindo-os e fazendo perguntas. E, ali, Maria foi confrontada com a missão de seu Filho. A resposta de Jesus – "Não sabíeis que devo estar na casa de meu Pai?" – parece ríspida e malcriada, mas não é. Trata-se de um lembrete de Sua identidade e propósito. Deve ter feito Maria refletir sobre a natureza de sua maternidade e a missão que ambos compartilham, e Maria guardou tudo em seu coração.

A busca por Jesus é uma metáfora para a busca espiritual que todos nós realizamos em algum momento da vida, bem como da tristeza que é estar longe de Cristo. Trata-se de perda e reencontro, mas também de compreensão e crescimento. Essa dor nos inspira a nunca desistir de procurar por aquilo que é realmente importante, a buscar incansavelmente Jesus, a manter a paciência e a perseverança e a sermos testemunhas de Sua misericórdia para aqueles que se sentem perdidos.

Quarta dor: o encontro com Jesus no caminho do Calvário

A tradição nos conta que Maria encontrou Jesus carregando a pesada Cruz pelas ruas estreitas de Jerusalém, a caminho do Calvário. Ela viu seu Filho, o Messias, no estado mais vulnerável e humilhante possível. Ele, repleto de chagas, sem forças. Ela, imersa em lágrimas, unida profundamente ao seu Filho, tendo com Ele um só coração. Nenhum dos dois disse nada, porque não havia necessidade; seus olhares se encontraram e a comunicação entre eles foi além das palavras.

O olhar de Maria foi de amor, solidariedade e compaixão, como quem diz: "Filho, estou aqui; teu sofrimento é também meu."

Com certeza, se ela pudesse, trocaria de lugar com o Filho, mas não lhe permitiram sequer abraçá-Lo ou tocá-Lo. Já o olhar de Jesus expressava resignação e ternura. Nesse breve encontro, Ele transmitiu à Sua mãe paz e conforto.

Apesar da dor imensurável que sentia, Maria acompanhou Jesus até o Calvário, como mãe e discípula. Foi participante ativa de Sua Paixão, e de tal modo que a Tradição lhe deu o título de corredentora.

Essa dor de Maria nos inspira a tomar parte na Paixão do Senhor, associando nossos sofrimentos aos d'Ele. Também nos ensina o significado de estar presente e apoiar as pessoas que nos são queridas em seus momentos difíceis, oferecendo-lhes conforto e força, especialmente nas situações mais desesperadoras.

Quinta dor: ao pé da Cruz

Assistir à crucificação de Jesus foi a dor máxima de Maria. Ela não só perdeu seu Filho, mas testemunhou a brutalidade da morte, a crueldade dos que zombavam e a indiferença dos que passavam.

Eis o ápice do sofrimento! Eis a fé e o amor diante da realidade da perda! Maria, ao pé da Cruz, é a imagem da dor maternal em sua manifestação mais pura.

O Evangelista João, que esteve ao lado de Maria, retrata aquela mulher forte e silenciosa de pé, acolhendo a missão de ser mãe da humanidade: "Filho, eis aí tua mãe. Mãe, eis aí teu filho" (Jo 19, 25-27).

Essa dor nos inspira a compreender a profundidade do sacrifício e do amor incondicional. Foi inimaginável a dor que Maria enfrentou ao ver seu Filho, inocente, morrer pregado na Cruz. Porém, mais fortes foram sua fé e a aceitação serena do plano de Deus.

Com ela, aprendemos a encontrar significado e propósito mesmo nas perdas mais profundas, a desenvolver a espiritualidade da esperança, a acompanhar os que sofrem e a sermos pacientes na espera pelo triunfo.

Sexta dor: o corpo morto de Jesus nos braços

Segundo relatos profundamente enraizados na tradição cristã, Maria recebeu, no calor de seus braços, o corpo frio de seu Filho morto quando o retiraram da Cruz. Muitas vezes, essa cena é representada na arte religiosa mediante a figura da *Pietà*, da Mãe da Piedade.

Maria é testemunho de um amor maternal que nem mesmo a morte pode apagar. Ela contempla as marcas da paixão de Jesus, Suas santas chagas: cada marca é uma lembrança do amor e do sacrifício d'Ele pela humanidade.

Maria, em sua dor, torna-se símbolo de todos os que sofrem a perda de um ente querido, o vazio de uma presença que se esvai. Muitas mulheres se identificam com Maria no sofrimento de perderem seus filhos e nela encontram alguma força para continuar.

Maria, ao receber Jesus descido da Cruz, nos ensina sobre a força do amor e a certeza da presença consoladora de Deus em nossa vida. Essa dor nos inspira a refletir sobre a aceitação e a dignidade no sofrimento. A Virgem, segurando o corpo sem vida de seu Filho, nos mostra a profundidade da perda, mas também a força serena que carrega consigo. Aprendamos a enfrentar o luto com coragem, a encontrar consolo na fé e a ressignificar nossos momentos mais difíceis com a esperança, cientes de que o sofrimento pode ser um caminho para a transformação e o crescimento espiritual.

Sétima dor: o sepultamento de Jesus

Após a Crucificação e morte de Jesus, Maria enfrenta a dolorosa missão de sepultar seu Filho.

A Bíblia nos relata que José de Arimateia, ajudado por Nicodemos, retirou o corpo de Jesus da Cruz e o envolveu em linho fino com aromas, conforme era o costume (Jo 19, 38-42). Maria acompanhou esse processo com um coração transpassado pela dor, mas também pela dignidade e força que caracterizam sua jornada de fé.

A sétima dor de Maria é também a dor da solidão. Esse é o sentimento que nos envolve quando sepultamos alguém que nos é querido. Acredito que, por se tratar de um filho, essa dor seja potencializada de uma forma descomunal. Cada lembrança das brincadeiras, dos abraços e sorrisos que doravante não veremos mais parecem nos sufocar. No entanto, nessa solidão da perda final, também existe esperança, a convicção de que a separação é apenas temporária.

Maria nos ensina a manter viva a chama da fé, a ser instrumentos de consolação, a saber esperar em Deus, permanecendo firmes mesmo quando tudo parece perdido. Como ela, devemos acreditar que, após a noite mais sombria, vem a aurora da Ressurreição. A melhor maneira de enfrentarmos a consequência destruidora das perdas é justamente viver como ela viveu, sendo uma chama imorredoura de fé, de perseverança na própria vocação.

A cada mistério do terço mariano que você contemplar, reserve um momento para meditar sobre a magnitude do sofrimento de Maria e a força de seu amor. Sua capacidade de amar e acolher, mesmo diante da adversidade, a coloca em uma posição de força que o Inimigo não pode igualar.

Na batalha espiritual, enquanto o Diabo opera por meio da manipulação e do engano, Maria age com sinceridade e compaixão. Sua presença na história da Salvação, como mãe de Cristo, lhe conferiu esse papel central no plano divino que estamos desvendando neste livro; e, ao fazê-lo, também nós podemos descobrir como recorrer a Maria para nos acautelarmos das artimanhas do Demônio.

A sabedoria de Maria é frequentemente associada à sua capacidade de ouvir e meditar, características que a tornam receptiva à orientação divina. Devemos buscar como meta maior desenvolver essa conexão íntima com Deus. Costumo enfatizar sempre que ter astúcia no plano espiritual não é apenas uma questão de inteligência, mas de profunda compreensão espiritual.

A grandeza espiritual que nos é ensinada por Maria reside sobretudo na habilidade de transformar dor e sofrimento em amor redentor, o que desarma qualquer iniquidade.

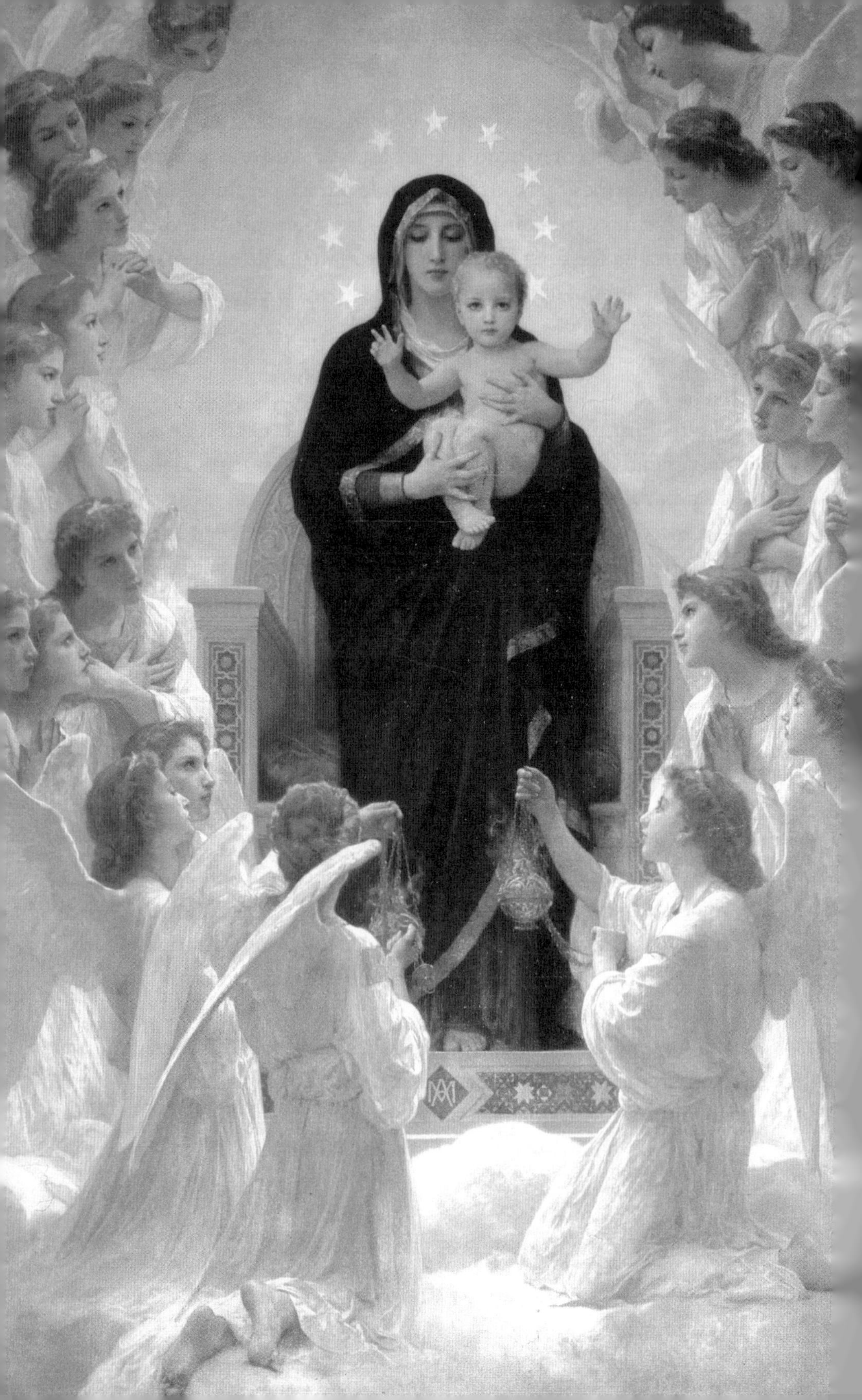

CAPÍTULO 5
A MAIS PERFEITA COMBINAÇÃO DE HUMANIDADE E DIVINDADE, FÉ E OBEDIÊNCIA

Os dogmas marianos, ou seja, as verdades fundamentais da fé católica que tratam de Maria, são ensinamentos que não se referem apenas à pessoa de Maria em si, como também à missão de Cristo e ao plano da Salvação de Deus para a humanidade.

Ao todo, são quatro os dogmas marianos:

Maternidade Divina
Virgindade Perpétua
Imaculada Conceição
Assunção aos Céus

Comenta-se, ainda, sobre um quinto dogma: o de Maria como corredentora da humanidade. Embora a Igreja não tenha oficialmente declarado esse dogma, o sentimento de alguns fiéis indicaria tal possibilidade. Aliás, desaconselhado até mesmo pelo grande Papa Mariano, São João Paulo II, devido também aos esforços com o Diálogo Inter-religioso e Ecumênico.

Embora esses dogmas tratem de Maria, eles não têm um foco isolado nela. A razão pela qual Maria é honrada com tais privilégios está sempre ligada à sua missão em relação a Cristo. As graças concedidas a Maria estão intrinsecamente ligadas a Cristo. Por exemplo, Maria foi concebida sem pecado original (segundo o dogma da Imaculada Conceição) para ser um "vaso puro" para trazer Jesus ao mundo. Mãe do Salvador, ela foi escolhida para dar à luz Jesus, e a maneira como é favorecida reflete a centralidade de Cristo. Ou seja, tudo o que se diz sobre Maria aponta para o papel central de Cristo e para a ação de Deus em nossa Salvação.

Os dogmas marianos também tratam da missão de Maria. Ao ser escolhida e favorecida por Deus, a Virgem assume um papel importante na Obra da Salvação realizada em Cristo. A aceitação do plano divino por Maria – o seu "sim" – é parte crucial da grande história da Redenção. Além disso, Maria, como mãe e intercessora, ajuda a humanidade a se aproximar de Cristo e a participar da Sua Obra redentora ainda hoje.

O Catecismo da Igreja Católica diz: "O Magistério da Igreja faz pleno uso da autoridade que recebeu de Cristo quando define dogmas, isto é, quando propõe, de um modo que obriga o povo cristão a uma adesão irrevogável de fé, verdades contidas na Revelação divina, ou quando propõe, de modo definitivo, verdades que tenham com elas um nexo necessário" (CIC, 88).

Frei Clodovis Boff compara as verdades sobre Maria a um "muro de proteção" que guarda e sustenta as verdades essenciais sobre Cristo e a Salvação. Ou seja, reconhecer e aceitar os dogmas marianos é, de certa forma, proteger as doutrinas centrais da fé, como a divindade de Cristo, a Encarnação e a economia da Salvação. Se alguém ataca ou nega um dos dogmas marianos, pode enfraquecer a compreensão e a vivência da fé cristã como um todo, pois esses dogmas estão intimamente ligados ao mistério da Salvação que Cristo trouxe para a humanidade.

Agora tentarei comentar cada um dos dogmas marianos, desvendando algo de seu significado e a importância que podem recobrar para a nossa fé.

1. Maternidade Divina

No ano de 431, uma grande reunião de líderes da Igreja, chamada Concílio de Éfeso, foi convocada pelo imperador Teodósio II a fim de resolver uma grande discussão.

O motivo?

Uma briga entre dois bispos famosos: Nestório, o bispo de Constantinopla, e Cirilo, o bispo de Alexandria.

Tudo começou com uma questão importante sobre Maria, a mãe de Jesus. Enquanto para muitos já era comum chamá-la de *Theotokos* (que significa "Mãe de Deus"), Nestório não gostava desse título. Ele achava que Maria deveria ser chamada de *Christotokos* ("Mãe de Cristo"), pois acreditava que, ao dar à luz Jesus, ela não estaria realmente gerando Deus, mas apenas um ser humano que, mais tarde, se tornaria qualquer coisa de divino.

O problema, no fundo, não era só sobre o nome de Maria, mas sobre quem era Jesus. Para Nestório, Jesus seria mais um homem que fora *adotado* por Deus, enquanto Cirilo de Alexandria defendia que Jesus era verdadeiramente Deus e verdadeiramente homem ao mesmo tempo. Essa questão representou um grande ponto de discórdia e estava ligada à maneira como as duas escolas de pensamento, de Alexandria e de Antioquia, entendiam a relação entre a humanidade e a divindade de Jesus.

O Papa Celestino I, que era o bispo de Roma, tentou resolver a disputa, mas a solução não veio de imediato. Por isso, o imperador Teodósio II decidiu convocar um concílio, uma grande reunião dos bispos, em Éfeso. Foi lá, depois de muitos debates e discussões, que a visão de Cirilo se mostrou a verdadeira e a Igreja reconheceu oficialmente que Maria é, sim, a Mãe de Deus, já que Jesus, sendo Deus e homem ao mesmo tempo, nasceu dela.

Vamos trocar isso em miúdos, imaginando uma situação bem simples.

Ao perguntar a alguém que nasceu de forma biológica se ele é filho de sua mãe, a resposta seria óbvia, certo?

Claro que sim!

E ninguém duvidaria disso.

Agora, vamos pensar um pouco mais a fundo...

O que, de fato, a mãe biológica transmite aos seus filhos?

Aquilo que constituiu o corpo humano, essa parte material que vemos e tocamos.

Mas... e quanto à alma e ao espírito?

Esses vêm de Deus.

Agora apliquemos esse mesmo raciocínio à maternidade divina de Maria.

Jesus é uma Pessoa única, mas com duas naturezas: a humana e a divina. Ele é completamente humano, com corpo e alma, mas também completamente Deus. Como Maria é mãe de Jesus, ela é mãe dessa Pessoa única, ou seja, ela deu à luz o corpo de Jesus, assim como nossa mãe nos deu nosso corpo.

Além disso, assim como a nossa alma e o nosso espírito vêm de Deus, a alma e o espírito de Jesus também vêm diretamente de Deus.

Então, quando dizemos que Maria é mãe de Jesus, estamos dizendo que ela é mãe da Pessoa de Jesus, que é tanto homem quanto Deus. Ela não é mãe da divindade em si, mas é mãe de Jesus, que é a segunda pessoa da Santíssima Trindade e também Deus.

Em resumo, assim como nossa mãe forma a parte material que nos constitui, Maria fez o mesmo com Jesus, e por isso ela é chamada de Mãe de Deus.

O Catecismo da Igreja Católica nos ensina: "Chamada nos Evangelhos 'a Mãe de Jesus', Maria é aclamada, sob o impulso do Espírito Santo e desde antes do nascimento do seu Filho, como 'a Mãe do meu Senhor'. Com efeito, Aquele que Ela concebeu como homem por obra do Espírito Santo, e que Se tornou verdadeiramente seu Filho segundo a carne, não é outro senão o Filho eterno do Pai, a segunda pessoa da Santíssima Trindade. A Igreja confessa que Maria é, verdadeiramente, Mãe de Deus (*Theotokos*)" (CIC, 495).

Nesse contexto, São João Paulo II destaca que, ao dar seu "sim" na Anunciação, Maria concebeu não apenas um homem, como também o próprio Filho de Deus, que é consubstancial ao Pai. Portanto, ela é verdadeiramente a Mãe de Deus, pois a maternidade se refere à pessoa inteira, e não apenas à natureza humana.

Algumas citações bíblicas que se referem ao assunto:

"Eis que a virgem conceberá e dará à luz um filho, e ele será chamado pelo nome de Emanuel, que significa: Deus conosco" (Is 7, 14 e Mt 1, 23).

"Ele será grande e será chamado Filho do Altíssimo" (Lc 1, 32a).

"O Santo que vai nascer será chamado Filho de Deus" (Lc 1, 35c).

"E de onde me é dado que venha ter comigo a mãe do meu Senhor?" (Lc 1, 43).

"Quando chegou a plenitude do tempo, Deus enviou seu Filho, nascido de mulher, nascido sob a Lei" (Gl 4, 4).

O grande mariologista Clodovis Boff explica que, nos primeiros séculos, a palavra *Theotokos* ("Mãe de Deus") não era algo exclusivo dos cristãos. Ela já era usada por povos antigos, especialmente os pagãos, para se referirem a deusas-mães, como a famosa deusa egípcia Ísis, que era chamada de "mãe" do deus Hórus. Essas divindades eram adoradas na Antiguidade como figuras maternas que geravam ou cuidavam de deuses.

Os cristãos, por sua vez, adotaram esse termo, que era comum entre os pagãos, e deram a ele um novo e mais profundo significado, aplicando-o à Maria, a verdadeira Mãe de Deus. Eles não estavam dizendo que Maria era uma deusa, mas que, como mãe de Jesus, ela era a Mãe da Segunda Pessoa da Trindade, Deus Filho.

Esse título de Mãe de Deus figura em orações muito antigas, como a *Sub tuum praesidium*, uma prece de proteção que data dos séculos III e IV. Nela, o povo cristão já chamava Maria de Santa Mãe de Deus, pedindo sua intercessão e proteção.

De acordo com Santo Agostinho: "Maria é Mãe de Deus, feita pela mão de Deus." E São Jerônimo afirma: "Maria é verdadeiramente Mãe de Deus."

Assim, o dogma da Maternidade Divina não apenas ajuda a esclarecer a identidade de Jesus e Maria, bem como promove uma vivência mais rica da fé, com maior devoção, confiança e compreensão do Mistério da Salvação.

2. Virgindade Perpétua

A Igreja Católica ensina que Maria é sempre virgem, ou seja, que ela permaneceu virgem antes, durante e depois do nascimento de Jesus.

O Catecismo da Igreja Católica explica isso de forma clara: "Maria foi virgem de maneira real e perpétua, inclusive no ato de dar à luz Jesus" (CIC, 499).

Embora tenha sido formalmente definido pelo Concílio de Trento em 1555, essa verdade já era aceita na Igreja desde os primeiros tempos do cristianismo. Escritos de santos como São Justino Mártir e Orígenes confirmam que a virgindade de Maria era um ensinamento comum no cristianismo primitivo.

A afirmação da virgindade perpétua de Maria pode ser recebida com estranhamento no mundo moderno, especialmente em uma sociedade secularizada e sexualizada. Na cultura contemporânea, em que a sexualidade é frequentemente entendida de maneira superficial e, muitas vezes, desvinculada de valores espirituais, a ideia de uma virgindade imaculada pode ser desafiadora.

De fato, o dogma parece contradizer a visão amplamente aceita de que a sexualidade é um aspecto fundamental da identidade humana e a maternidade está sempre associada à experiência da sexualidade.

Para a fé cristã, a virgindade de Maria é vista sobretudo em sentido espiritual, como uma total consagração, dedicação e pureza de coração para Deus. Assim, mesmo sendo desafiado pela mentalidade secular atual, o dogma da sempre Virgem Maria permanece central para a doutrina católica, pois destaca o caráter sagrado da maternidade divina e a total cooperação de Maria com o plano da Salvação, com a consequente entrega total de seu coração ao Senhor.

Frei Clodovis Boff explica que a virgindade de Maria é entendida de forma integral: não apenas como uma entrega total de seu corpo e alma a Deus, mas também na condição de uma entrega perpétua. Isso significa que Maria não foi apenas completamente dedicada a Deus num só momento da sua vida; essa dedicação se deu para sempre. Sua virgindade não foi algo passageiro, mas uma característica permanente e total, sem nenhuma reserva. Ela é chamada de "virgem absoluta", pois toda a sua vida foi consagrada a Deus de maneira única.

Por essa razão, Maria nunca teve relações sexuais com homem nenhum. Quando aceitou ser a mãe de Jesus, ela foi completamente tomada pelo Espírito Santo, e seu corpo foi destinado exclusivamente para o Verbo de Deus, o Filho de Deus feito homem. A arte oriental representa Maria com três estrelas em seu manto, simbolizando sua virgindade antes, durante e após o nascimento de Cristo. Como afirmou o teólogo Orígenes, Maria se tornou irrepetível: a sua relação com Deus e com o Filho único era completa e única, sem necessidade de mais nada.

Antes do parto

A doutrina da Igreja Católica afirma que Maria foi virgem antes do nascimento de Jesus. Isso significa que Jesus foi concebido de forma sobrenatural, sem a intervenção de um homem, pelo poder do Espírito Santo.

Essa crença é baseada em passagens do Novo Testamento, entre elas a que traz o anjo Gabriel anunciando a Maria que ela conceberá um filho sendo virgem (Lc 1, 34-35).

A Igreja defende a virgindade perpétua de Maria como um sinal da sua especial consagração e singular papel na história salvífica. Como já expliquei, essa doutrina reforça a ideia de que Maria foi um "vaso puro e santo" para a encarnação de Deus. Sua virgindade contínua sublinha a natureza miraculosa do nascimento de Jesus e a sua dedicação total ao plano divino.

Eu fico pensando: diante de uma experiência tão transcendental, é compreensível que Maria e José optassem por uma vida de castidade. A castidade, nesse contexto, não é apenas uma escolha moral, mas uma resposta à santidade da missão que lhes foi confiada.

José, descrito nas Escrituras como homem justo, teria compreendido a magnitude do mistério que lhe foi revelado. Aceitando Maria como sua esposa, ele se torna o guardião desse mistério divino. A escolha pela castidade pode ser vista como um reconhecimento e um respeito profundos pela presença de Deus na vida de Maria e, por extensão, na vida de ambos. A castidade de José se alinha com seu papel de protetor e cuidador – não apenas de Maria, mas do próprio Jesus.

A castidade de Maria e José também reforça sua unidade na missão divina. Juntos, eles formam uma família que é exemplo de fé e obediência, e que também vive uma realidade espiritual elevada. Sua escolha pela castidade destaca a dimensão espiritual e sagrada de sua união, dedicada inteiramente ao cumprimento do plano de Deus para a Salvação da humanidade.

A decisão de permanecerem castos não foi uma negação da vida conjugal, mas uma elevação de sua vida comum a um nível espiritual mais alto, em que sua principal preocupação era a realização da vontade de Deus. Assim, Maria e José nos oferecem um testemunho profundo de fé e compromisso com a missão divina. Eles nos lembram de que, diante do sagrado, nossa resposta deve ser de reverência, respeito e dedicação total ao que nos é confiado por Deus.

Durante o parto

O parto virginal de Maria é, sem dúvida, um dos pontos mais misteriosos e delicados da fé cristã. Está intimamente ligado à ideia de que, assim como Maria concebeu Jesus de maneira virginal, sem a intervenção de um homem, o seu parto também foi feito de forma extraordinária. Este conceito, apesar de ser desafiador para a lógica humana, é explicado pela onipotência de Deus, ou seja, pela crença de que nada é impossível para Ele (Lc 1, 37).

A explicação para esse mistério, que pode parecer incompreensível à primeira vista, está no entendimento de que Deus, sendo todo-poderoso, pode agir fora das leis naturais e físicas que conhecemos. Deus agiu de maneira única e extraordinária.

A famosa frase de São Bernardo de Claraval – "uma virgem só poderia conceber a um Deus, e um Deus só poderia nascer de uma virgem" – resume de forma clara o dogma da Virgindade Perpétua de Maria. Ela expressa que, sendo Maria uma mulher completamente dedicada a Deus, a única forma de conceber o Filho de Deus seria sem violar sua virgindade.

Da mesma forma, a natureza divina de Cristo, como Filho de Deus, justifica que ele nascesse de uma mulher virgem, sem a intervenção de um homem. Esse mistério revela a união única entre a natureza humana e divina de Jesus e destaca a pureza e a santidade de Maria.

Uma passagem do Livro do Profeta Isaías afirma: "Antes que estivesse de parto, deu à luz; antes que lhe viessem as dores, nasceu-lhe um menino" (Is 66, 7). Embora seja uma profecia que se refira simbolicamente ao povo de Israel, é vista na tradição cristã como a prefiguração do nascimento de Jesus de maneira a preservar a virgindade de Maria.

Segundo Santo Ambrósio, a Sagrada Escritura revela que não só uma virgem devia conceber, mas também que uma virgem devia dar à luz. E o Concílio Vaticano II afirma que o Filho primogênito de Maria "não diminuiu, antes consagrou, a sua integridade virginal" (*Lumen gentium*, 57).

Depois do parto

A virgindade de Maria após o parto, realidade que exige assentimento de todos os fiéis, pode ser vista também como "trampolim" para algo mais amplo. O corpo de Maria, que gerou o Filho de Deus, seria um templo preservado de forma especial, em consonância com a natureza milagrosa de seu Filho. São Tomás de Aquino escreveu:

> Quanto à virgindade de Maria após o parto, a Igreja ensina que ela permaneceu virgem, mesmo após dar à luz, porque, sendo a concepção de Cristo um mistério divino, o parto também não impediu a virgindade de Maria, como o nascimento de Cristo foi realizado de maneira milagrosa e sem dor (*Suma teológica*, III, q. 28, a. 3).

No decorrer dos primeiros séculos do cristianismo, surgiram diversas discussões e interpretações sobre aspectos da vida de Maria, especialmente em relação ao seu papel na concepção e nascimento de Jesus. No século IV, alguns começaram a afirmar que Maria teve outros filhos, utilizando como argumento a expressão "irmãos de Jesus" encontrada no Novo Testamento. Essa expressão é mencionada, por exemplo, em referência a Tiago, José, Simão e Judas (Mt 13, 55-56).

É importante esclarecer que, no léxico judaico, a palavra "irmãos" era usada de forma ampla para designar parentes próximos, como primos. Portanto, os "irmãos de Jesus" mencionados nos Evangelhos não contradizem a doutrina da virgindade perpétua de Maria.

Outro ponto de confusão é a expressão "filho primogênito" encontrada em Lucas: "Maria deu à luz o seu filho primogênito" (Lc 2, 7). Algumas pessoas interpretam "primogênito" com a implicação de que Maria teve outros filhos depois de Jesus. No entanto, na tradição judaica, o termo "primogênito" refere-se ao primeiro filho, independentemente de haver ou não outros. Ele é um termo legal que significa o filho que abre o ventre materno e, por isso, tem direitos e deveres específicos, especialmente no contexto das tradições e leis judaicas.

Também foi muito bem observado por Orígenes o fato de que Jesus, no seu momento derradeiro, não teria confiado sua Mãe a João caso ela tivesse outros filhos, ou seja, seus irmãos biológicos.

Diante desse mistério tão imenso que é a virgindade perpétua de Maria, podemos concluir que a verdadeira liberdade não está na satisfação irrestrita dos desejos, mas no domínio de si mesmo. Essa liberdade espiritual permite que os cristãos se concentrem no essencial, dedicando-se a Deus e ao serviço do próximo.

3. Imaculada Conceição

Este dogma foi proclamado pelo Papa Pio IX em 1854, mediante a bula *Ineffabilis Deus*.

A Igreja ensina que Maria, mãe de Jesus, foi preservada de qualquer pecado pelo poder de Deus, em vista dos méritos futuros de Cristo. Isso significa que Maria, ao contrário de todos os outros seres humanos, foi redimida de maneira especial, antecipada, para ser o tabernáculo puro que abrigaria o Verbo.

Como diz o Catecismo da Igreja Católica:

> Por uma graça e favor singular de Deus onipotente e em previsão dos méritos de Jesus Cristo, Salvador do gênero humano, a bem-aventurada Virgem Maria foi preservada intacta de toda a mancha do pecado original no primeiro instante da sua conceição.

E ainda:

> Este esplendor de uma "santidade de todo singular", com que foi "enriquecida desde o primeiro instante da sua conceição", vem-lhe totalmente de Cristo: foi "remida dum modo mais sublime, em atenção aos méritos de seu Filho". Mais que toda e qualquer outra pessoa criada, o Pai a "encheu de toda a espécie de bênçãos espirituais, nos Céus, em Cristo" (Ef 1, 3). "N'Ele a escolheu antes da criação do mundo, para ser, na cari-

dade, santa e irrepreensível na sua presença" (Ef 1, 4) (CIC, 491-92).

Portanto, a Imaculada Conceição não se refere ao nascimento de Jesus, mas à maneira como Maria foi concebida, com uma graça especial de Deus, para ser totalmente pura e apta para sua missão. Esse dogma é um dos pilares da devoção mariana na Igreja Católica, como vimos no capítulo 2.

4. Assunção aos Céus

Proclamado pelo Papa Pio XII em 1º de novembro de 1950, esta verdade de fé diz-nos que a Virgem Maria foi assunta aos Céus em corpo e alma.

É necessário entender a diferença entre Ascensão e Assunção. Na Sua Ascensão, Nosso Senhor Jesus Cristo elevou-se por Si mesmo. Na Assunção, Nossa Senhora foi elevada.

A Assunção de Maria está intimamente ligada à sua Imaculada Conceição. Sendo preservada do pecado original, Maria é vista como a Nova Eva, cuja participação no plano redentor de Deus é total. Sua Assunção ao Céu é o coroamento de sua cooperação perfeita com a Graça Divina. Por não ter sofrido com a mancha do pecado original, Maria tem o Céu por herança, e foi elevada em corpo e alma, prefigurando o triunfo de todo o povo de Deus no dia do Juízo.

Celebramos a Solenidade da Assunção da Bem-Aventurada Virgem Maria no dia 15 de agosto. Segundo o Catecismo da Igreja Católica, "a Virgem Imaculada, preservada imune de toda a mancha da culpa original, terminado o curso da vida terrena, foi elevada ao Céu em corpo e alma e exaltada pelo Senhor como rainha, para assim se conformar mais plenamente com o seu Filho, Senhor dos senhores e vencedor do pecado e da morte" (CIC, 966).

Em sua audiência sobre "A dormição da Mãe de Deus", a 27 de junho de 1997, São João Paulo II explicou que, quando o Papa Pio XII proclamou o dogma da Assunção da Virgem Maria, ele não quis negar que ela morreu, mas apenas não considerou necessário declarar oficialmente sua morte como uma verdade de fé obrigatória para todos os fiéis.

Refletindo sobre a relação de Maria com Jesus, São João Paulo II considerou que, como Cristo morreu, seria difícil afirmar que Maria não passou pela morte. No entanto, o dogma da Assunção se concentra em afirmar que Maria foi levada ao Céu em corpo e alma, sem entrar em detalhes sobre os aspectos de sua morte.

Essa abordagem respeita o mistério da fé e a tradição, mantendo o foco na glorificação de Maria junto a Deus.

São João Paulo II explicou ainda que, segundo a Revelação, a morte é vista como consequência do pecado. No entanto, Maria foi proclamada pela Igreja como uma mulher livre do pecado original por um privilégio especial de Deus. Isso, porém, não significa que ela recebeu a imortalidade corporal. Em outras palavras, mesmo sendo preservada do pecado original, Maria ainda passou pela experiência da morte. Assim como Jesus morreu e ressuscitou, Maria também teve que enfrentar a morte para poder compartilhar da Ressurreição de seu Filho.

São João Damasceno questionou: "Como é possível que aquela que no parto ultrapassou todos os limites da natureza agora se submeta às leis desta e o seu corpo imaculado se sujeite à morte?" E ele mesmo respondeu: "Certamente, era necessário que a parte mortal fosse deposta para se revestir de imortalidade, porque nem o Senhor da natureza rejeitou a experiência da morte. Com efeito, Ele morre segundo a carne e, com a morte, destrói a morte, à corrupção concede a incorruptibilidade e o morrer faz d'Ele nascente de ressurreição" (*Panegírico sobre a dormição da Mãe de Deus*, 10).

A íntima ligação entre Maria e Jesus foi muito meditada por São João Paulo II. A morte de Maria, seguida por sua Assunção ao Céu, reflete sua participação completa no mistério pascal de Cristo, diz ele. E explicou, ainda, que o Novo Testamento não fornece detalhes sobre as circunstâncias da morte de Maria: esse silêncio sugere que a morte de Maria ocorreu de maneira normal, sem eventos extraordinários que mereçam ser mencionados nos escritos sagrados.

De acordo com São João Paulo II, independentemente do fato orgânico e biológico que, do ponto de vista físico, tenha causado a morte corporal de Maria, pode-se dizer que a passagem desta vida para a outra constituiu para ela uma maturação da graça na glória. Isso significa que, para Maria, a morte não foi vista como uma ruptura ou algo trágico, e sim como a conclusão de sua caminhada de santidade, uma realização plena da graça que ela recebera de Deus. No caso de Maria, sua passagem para a vida eterna foi uma elevação e um cumprimento da Graça que ela já possuía, de maneira única e especial.

Como consequência, ao passar pela mesma sorte dos homens, ou seja, ao experimentar a morte, Maria se tornou ainda mais capaz de exercer sua maternidade espiritual. Pode assim, com maior eficácia, interceder e apoiar espiritualmente todos aqueles que estão passando pela morte. Sua vivência da morte a torna uma figura ainda mais próxima e compreensiva para com os fiéis que enfrentam esse momento derradeiro da vida na terra.

O dogma da Assunção oferece aos fiéis uma profunda esperança na vida eterna e na vitória sobre a morte. Maria, como a primeira redimida, é sinal daquilo que está reservado para todos os que seguem a Cristo.

Do mesmo modo, esse dogma constitui também uma afirmação da promessa de Deus de exaltar os humildes. Maria, ao cantar o *Magnificat*, profetiza que todas as gerações a chamarão "bem-aventurada". Sua Assunção ao Céu é o cumprimento máximo dessa bem-aventurança.

Ao ser levada ao Céu em corpo e alma, Maria antecipa a glorificação que todos os cristãos esperam na ressurreição dos mortos, reafirmando a doutrina da Redenção completa do ser humano, em corpo e alma, prevista para o fim dos tempos.

Ao contemplarmos os dogmas que a Igreja nos ensina sobre a Virgem Maria, somos convidados a admirar a grandeza e a dignidade desta mulher singular, escolhida por Deus para ser a Mãe do Salvador.

Imaginemos, então, Maria como uma flor rara e preciosa, cultivada com amor e cuidado pelo próprio Deus. Desde a sua Imaculada Conceição, que a preservou de toda mancha do pecado original, até sua Assunção gloriosa ao Céu, Maria floresce como um símbolo de pureza e santidade.

Em sua maternidade divina, Maria nos acolhe como filhos amados; e, em sua virgindade perpétua, inspira-nos a viver com coração puro e dedicado. Sua Assunção, por sua vez, é um sinal de esperança para todos os fiéis, um lembrete de que somos chamados à vida eterna.

Os dogmas marianos são como pétalas dessa flor celestial, cada uma revelando uma faceta do mistério e da beleza de Maria. E, assim, ao contemplarmos essa flor divina, somos convidados a nos aproximar mais de Deus, seguindo o exemplo da Virgem em nossa própria vida.

Que a Rainha do Céu interceda por nós, para que, um dia, possamos também participar da glória que lhe foi concedida.

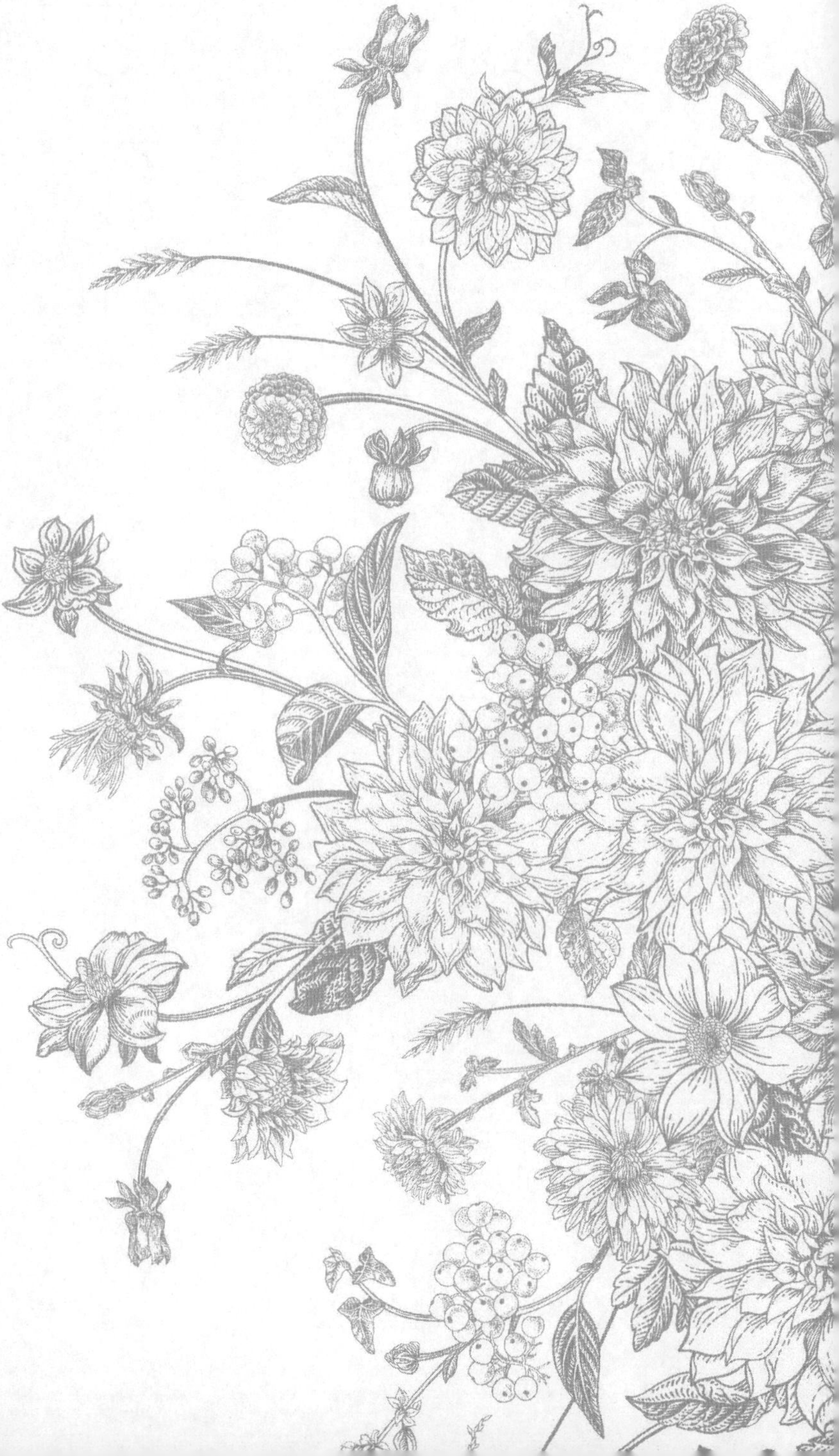

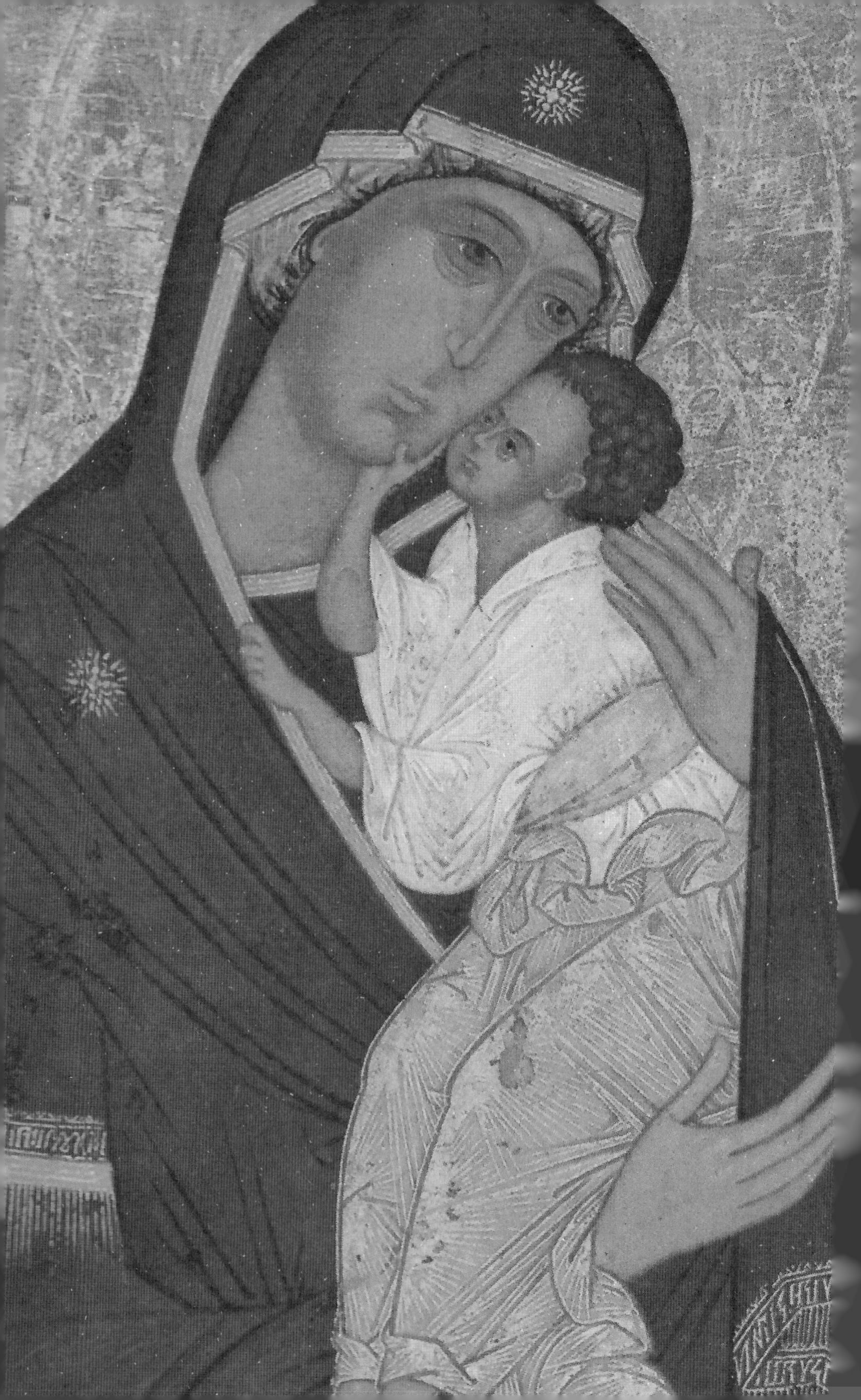

CAPÍTULO 6
AQUELA QUE NOS CONVIDA A CRESCER NA FÉ

Todos temos vontade de acertar e de buscar a santidade; mesmo que não saibamos disso, é a felicidade da vida santa, da união contínua com Deus, o que queremos, pois é a única coisa que preenche nosso coração sem que ele venha a ter sede de novo. Como sempre digo, na esteira de Santo Agostinho, viemos de Deus e nossa alma anseia em voltar para Ele.

Em um mundo tão conturbado, onde os valores morais, religiosos e éticos estão "fora de moda", Maria nos mostra que a santidade não é um privilégio distante e exclusivo, mas uma meta possível para aqueles que creem e perseveram. Muitos podem pensar em Maria como um símbolo de submissão desprovido do poder de fazer escolhas, mas isso não é verdade: ela é símbolo de obediência a Deus. Uma obediência que é fruto de uma liberdade bem praticada.

Embora tenha sido preparada e nascida sem o pecado original, Maria foi uma mulher de carne e osso, sujeita a adversidades que poderiam abalar sua fé. Sua humanidade é um dos aspectos mais poderosos de sua figura. Entre todos os humanos, nenhum se iguala à Virgem Maria em perfeição e santidade. Ela é o modelo supremo de virtude, em que todos devemos nos espelhar.

Maria transborda virtudes como humildade, obediência, pureza, perseverança e compaixão. No entanto, são as virtudes teologais – a fé, a esperança e a caridade – as que mais se destacam em sua vida e personalidade. Inspirados por ela, compreendemos que o desejo de acertar não se restringe apenas a evitar o erro, mas no caminhar em direção a Deus com amor, na esperança de que Deus assim o deseja e com a fé de que Ele é a verdadeira bem-aventurança.

Maria, a Virgem da fé

A fé da Virgem Maria é das mais extraordinárias e poderosas manifestações de confiança e devoção a Deus encontradas nas Escrituras. Mesmo antes do anúncio do anjo Gabriel, ela demonstrou uma fé inabalável, aceitando sem hesitação o que Deus planejara para si; e, quando chegou a hora de receber a embaixada do anjo, manifestou-se com um "sim" que ecoará para sempre.

Essa demonstração de confiança absoluta em Deus marcou o início de uma caminhada repleta de desafios, dores e alegrias, uma caminhada dotada de um profundo significado espiritual. Como já disse antes, a fé de Maria nunca foi passiva; ela a viveu de forma ativa, o que envolveu uma entrega total.

Maria demonstrou uma coragem extraordinária, pois, embora não tivesse um vislumbre de tudo o que se passaria, pelo menos sabia que sua vida mudaria para sempre e que não seria nada fácil. Ela não pediu garantias ou explicações detalhadas: simplesmente confiou no plano de Deus, mesmo sem compreender plenamente todos os detalhes.

Nos poucos fatos registrados nos Evangelhos sobre ela, percebemos que, ao longo de sua vida, Maria continuou a manifestar essa fé profunda e confiante. Voltemos à vida pública de Jesus, ao mesmo casamento que mencionamos, registrado no Evangelho de João. Ao perceber, lá em Caná, a falta de vinho, ela disse ao Filho: "Eles não têm mais vinho."

Apesar da resposta nada amistosa de Jesus –"Mulher, que temos nós com isso? Minha hora ainda não chegou"–, ela orientou os servos, dizendo: "Fazei tudo o que Ele vos disser."

Por intermédio de Maria, por sua intercessão e sua fé inabalável na missão divina de Jesus, Ele realizou seu primeiro milagre.

Durante a Paixão de Cristo, a fé de Maria foi novamente posta à prova de maneira extrema. Sua presença ao pé da Cruz é testemunho de uma fé que não vacila nem mesmo diante das circunstâncias mais dolorosas.

Ela, que sempre guardou todas as coisas em seu coração, viu a promessa de Deus se cumprir de forma gloriosa com a ressurreição de Jesus. Sua fé foi recompensada não apenas porque foi testemunha do milagre da ressurreição, mas também por ter começado sua missão como Mãe e intercessora da humanidade.

Maria nos ensina que a verdadeira fé consiste em confiar plenamente em Deus não só quando tudo está bem, mas, principalmente, quando o caminho é incerto ou doloroso. Ela nos ensina também que a fé se expressa em ações concretas, num "sim" contínuo à vontade de Deus, que se mantém firme nos bons e maus momentos.

Busquemos, pois, inspirados em Maria, viver com confiança, coragem e fé, sabendo que o Senhor está sempre ao nosso lado.

Maria, a Virgem da esperança

Em meio às tempestades da vida, nas noites escuras, quando as dúvidas e os medos ameaçam sufocar nossa fé, voltemos nossos olhos para a figura da Virgem Maria, encontrando nela um exemplo radiante de esperança inabalável.

Maria acolheu o anúncio do anjo Gabriel com uma confiança serena e uma esperança firme e se entregou por completo aos desígnios do Pai. Depois disso, enfrentou inúmeros desafios e sofrimentos, como a fuga para o Egito, a profecia de Simeão sobre a espada que transpassaria sua alma, a perda do Menino no Templo, a incompreensão de seus concidadãos, a Cruz... Nem mesmo no pior momento, naquela Sexta-feira Santa, sua esperança vacilou, pois estava ancorada na certeza de que Deus está sempre presente e agindo.

Ela permaneceu ao lado de Jesus, compartilhando de Sua agonia, sabendo que aquele sacrifício não seria em vão. Sua fé e esperança inabaláveis a sustentaram, pois ela confiava que a morte não teria a última palavra, uma vez que a ressurreição e a vitória final sobre o pecado e a morte estavam por vir.

Muitos podem pensar: "O Padre está repetindo fatos da vida de Maria já citados na virtude da fé!" Há quem diga que o afeto se alimenta das repetições dos pequenos gestos e palavras de gentileza. É assim que se aduba e faz crescer o amor romântico. Pois o mesmo vale para o nosso crescimento na fé: precisamos repetir exaustivamente os fatos que nos ajudam a fortalecer o nosso vínculo com Deus. O amor é feito da repetição dos pequenos gestos, e também o amor a Nossa Senhora se manifestará ao "ruminarmos" os fatos da sua vida, tirando deles novos tesouros.

Além disso, não existe fé sem o cultivo da esperança. Essas virtudes estão entrelaçadas e seguem juntas. Na verdade, essas duas virtudes se completam de maneira profunda e harmoniosa. A fé nos leva a confiar em Deus e a acreditar em Suas promessas, enquanto a esperança nos impulsiona a perseverar nessa confiança e aguardar o cumprimento dessas promessas, mesmo diante das dificuldades.

Sem fé, a esperança se torna vazia e estéril, pois não há a certeza de que aquilo que se espera será alcançado. E, sem esperança, a fé pode enfraquecer, pois falta a motivação e o objetivo final que dá sentido a quem persevera. Juntas, fé e esperança sustentam nossa caminhada rumo à Pátria definitiva, onde Deus enxugará toda lágrima e não haverá mais morte, nem luto, nem choro, nem dor (Ap 21, 4).

Podemos contemplar esse vínculo inseparável entre fé e esperança na vida da Virgem Maria. Mesmo diante das incertezas e das sensações de impotência, a fé a sustentou e a levou a confiar na Providência, nutrindo nela uma esperança sólida que a manteve firme e perseverante até a gloriosa Ressurreição de Seu Filho.

Ao convocar o Jubileu de Esperança, no ano de 2025, como um tempo de renovação espiritual e reflexão profunda, o Papa Francisco citou Maria como um exemplo incomparável de esperança para todos nós. A Bula papal *"Spes non Confundit"* – A esperança não decepciona – nos chama a viver essa esperança de maneira concreta. Maria nos mostra que a verdadeira esperança não é uma ilusão, mas uma certeza inabalável baseada na fidelidade de Deus às Suas promessas. Em cada momento de nossa vida, seja na alegria ou na tribulação, somos convidados a seguir o exemplo de Maria e a renovar nossa confiança no Senhor.

É essa esperança luminosa que a Virgem Maria nos ensina a cultivar em nossos corações. Ela nos mostra que, mesmo quando tudo parece perdido, quando as trevas da dúvida, o desespero da incerteza e o desafio das provações ameaçam nos envolver, devemos manter os olhos fixos em Deus, rememorando Sua bondade e Seu plano amoroso para cada um de nós.

Maria, a Virgem da caridade

Entre as numerosas virtudes que resplandecem na vida da Virgem Maria, a caridade se destaca de forma especial. E ela se traduz na dedicação, no serviço e no amor ao próximo por amor de Deus.

São Tomás de Aquino resumiu a fé da Igreja, dizendo que a caridade é o amor supremo, dado por Deus, que une o ser humano ao Pai e ao próximo, sendo a virtude mais importante e fundamental para a vida cristã. E Maria se apresenta como exemplo máximo dela.

Ela personifica o amor que emana do próprio Criador, demonstrando que o amor a Deus é o ponto de partida e a base fundamental da caridade. Graças à trajetória e à entrega total de Maria, vemos como o amor ao Senhor deve ser o impulso primordial que move o ser humano em direção ao próximo.

Maria demonstra que o amor a Deus e o amor ao próximo são indissociáveis, formando os dois pilares da virtude da caridade. Assim, reflete a expressão viva da caridade em sua dimensão teológica e prática, apontando o caminho para que os cristãos possam alcançar a plenitude do amor.

Como Mãe de Deus e Esposa do Espírito Santo, Maria participa de forma única do Amor trinitário, sendo a expressão mais perfeita desse Amor na terra. Aproveitemos o exemplo das Bodas de Caná.

Primeiramente, nota-se a preocupação de Maria com os noivos e os convidados. Ela percebeu que o vinho acabou e, prontamente, informou Jesus sobre essa necessidade. Sua atitude revela a sensibilidade que nutria em relação aos outros e seu desejo de ajudar, mesmo que de forma discreta. Ela intercedeu por aqueles que estavam passando necessidade, levando o problema a Jesus e confiando em Sua capacidade de prover. Essa atitude de Maria reflete sua compaixão e o desejo de aliviar o sofrimento alheio.

Nos momentos finais da vida de Jesus, Maria também demonstrou uma profunda caridade ao permanecer fielmente aos pés da Cruz durante a Crucificação de seu Filho. Enquanto outros discípulos fugiram, aterrorizados com a violência da cena, Maria ficou firme, compartilhando o sofrimento do Filho – não apenas Sua dor física, como também carregando em seu coração a dor da Redenção da humanidade, a dor moral pelo pecado dos homens.

Tenho certeza de que sua presença compassiva e amorosa ofereceu ao Senhor conforto naquela hora derradeira.

Vale lembrar que a caridade de Maria ainda se estendeu aos outros que estavam presentes. Ela acolheu o discípulo amado, João, como filho, cumprindo o desejo de Jesus, e acolheu a própria humanidade, tornando-se Mãe de todos nós.

Deixei para o final um dos episódios da vida de Maria que demonstra de forma mais marcante sua virtude da caridade: a visita à sua prima Isabel.

Após receber do anjo a saudação e a grande missão de ser a Mãe do Salvador, Maria ouviu também do anjo a notícia de que sua prima Isabel, estéril até então, alcançara de Deus a graça de ser mãe na velhice. Isabel estava no sexto mês de gestação.

Diz o Evangelho que Maria partiu apressadamente para a região montanhosa, a uma cidade da Judeia (Lc 1,39). Isso quer dizer que ela não ficou acomodada em casa preparando enxoval, nem de braços cruzados, fazendo "corpo mole" e pensando apenas em si mesma. Ela caminhou diligentemente por mais ou menos 150 quilômetros a fim de visitar Isabel.

Meditando sobre esse gesto, nunca deixaremos esmorecer dentro de nós essa dimensão da alteridade, da procura, do "ir atrás", do "pôr-se a caminho". Isso é missão da Igreja – e, portanto, nossa missão também.

No momento do encontro, assim que Isabel escuta a abençoada voz de Maria, João, ainda no ventre, pula de alegria. Essa reação precoce indica Maria como canal de graças, precisamente por ser portadora do Cristo.

O Magnificat

Isabel ficou cheia do Espírito Santo e a chamou de "bendita entre as mulheres". Maria não negou os benefícios de Deus e moveu os lábios para entoar o canto mais lindo que podemos encontrar na Bíblia, o *Magnificat*: "Minha alma engrandece ao Senhor e exulta meu Espírito em Deus, meu Salvador" (Lc 1, 46).

Perceba o quanto o espírito de Maria se alegra em Deus!

Se queremos essa alegria, se queremos viver como Nossa Senhora, cingidos na oração e ungidos contra o Inimigo, só há um lugar em que podemos nos alegrar: em Nosso Senhor.

E Maria continua: "Porque olhou para a humildade de sua serva. Eis que agora as gerações hão de chamar-me de bendita" (Lc 1, 48).

Eis o segredo para que Deus olhe para nós: humildade. A humildade é a aceitação dos dons de Deus. A falta de humildade é, inclusive, um impeditivo para que sejamos atendidos em nossas preces.

Sou enfático quanto a isso: se há algo que temos a aprender com Nossa Senhora, é humildade e obediência. E a humildade nos faz perceber que não somos merecedores de nada, pois tudo o que somos e temos vem de Deus.

Maria diz mais: "O Poderoso fez por mim maravilhas e Santo é o Seu nome!" (Lc 1, 49).

Pensar assim é se dar conta de que não temos mérito para dizer e pedir alguma coisa a Deus, mas é pela Sua graça que existimos e somos. É pela graça de Deus que temos o hálito da vida. Por isso, aprendamos de Nossa Senhora a cultivar a virtude da humildade santificadora. Quem não é humilde não reconhece os dons que recebeu (ou, se reconhece, os credita a si mesmo) e se fecha para Deus. Quem não é humilde não reconhece que o Poderoso fez e faz grandes coisas em nosso favor.

Tenhamos esse reconhecimento, olhemos para a nossa vida e percebamos quem fomos e quem somos hoje. Se chegamos até aqui, é pela graça de Deus, que foi paciente, misericordioso e bondoso. Caso contrário, ninguém estaria em pé. Porque Deus derruba o trono dos poderosos e eleva os humildes, enche de bens os famintos e despede os ricos de mãos vazias.

Contemplando o gesto de Maria, você não sente o desejo de fazer um apelo a ela?

Nossa Senhora, plena do Espírito Santo,
mãe de Deus e nossa mãe,
visita a humanidade.
Visita todos os povos, apressadamente,
porque os homens esqueceram as lições de amor e paz de teu Jesus
e estão promovendo guerras.
Mãe, estamos amedrontados por tantas circunstâncias difíceis.
Mãe de Deus e nossa Mãe, apressadamente, visita os nossos governantes.
Visita os hospitais, visita as casas, os trabalhadores, os empregadores,
porque muitos estão falindo.
Cresce o desemprego, cresce a inflação...
Então visita-nos, Mãe, porque estamos necessitados.
Os nossos são tempos necessitados de alegria, de conforto.
Visita-nos e traze-nos a alegria que vem do teu Filho, Jesus Cristo.
Intercede por nós, Mãe,
para que tenhamos entusiasmo, ânimo, coragem e fé.
Amém.

Pela tradição, sabemos que, à medida que a vida de Maria chegava ao fim, suas virtudes resplandeciam cada vez mais. Ela continuava a servir e a amar incondicionalmente.

Sua vida, marcada pela fé e pela esperança, tornou-se um legado eterno. A virtude da caridade, que nunca passa, que perdura no Céu diante da face de Cristo, leva Maria até hoje a cuidar de todos nós continuamente, sobretudo aqueles que buscam seguir os passos de seu Filho.

Maria, a Virgem do silêncio e da escuta

Tenho sempre batido na tecla da relevância de imitarmos as virtudes de Maria, mas ainda não tinha me aprofundado em contemplá-la como a "Virgem do Silêncio". Até que recebi de presente uma imagem com esse título.

Em um mundo cada vez mais barulhento e agitado, com tantas fofocas, mentiras e *fake news*, a capacidade de silenciar torna-se cada vez mais rara e preciosa. Diariamente, vemo-nos imersos em uma avalanche de informações, estímulos e distrações; muitas vezes, nos esquecemos de parar, de calar e de realmente escutar a voz do Altíssimo.

Desenvolver o hábito do silêncio em nossa vida diária não é tarefa fácil, especialmente quando somos constantemente incentivados a preencher todos os espaços com barulho e atividades. O silêncio muitas vezes nos incomoda; quase sempre, mal colocamos os pés dentro de casa, já ligamos a TV para não ouvirmos o silêncio.

Entretanto, é justamente no silêncio que Deus nos fala: quando nossa alma se acalma, nosso coração se abre e nossa mente se desliga das preocupações e ansiedades da vida.

Maria nos ensina que, quando calamos nosso interior, criamos uma oportunidade, um espaço de tempo sagrado em que Deus pode se manifestar. Nos momentos de alegria e de dor da vida de Maria, o silêncio a acompanhou.

Os Evangelhos definem Maria como aquela que se cala, que escuta no silêncio. Neste seu silêncio é gerado o Verbo. Ela conserva todas as coisas e faz que elas maturem no seu coração. Como na Anunciação, escutar a Deus torna-se *de per si* um diálogo com Deus, mediante o qual podemos falar-Lhe e ser escutados por Ele (São João Paulo II, 13 de setembro de 1983).

Quando Jesus nasceu em um humilde estábulo e foi exaltado pelos anjos, Maria viveu essa experiência sagrada da maternidade em silêncio. Na fase em que Jesus iniciou sua vida pública, Maria acompanhou discretamente Sua missão até o final, no Calvário, apoiando-O com sua presença e sua oração silenciosa.

Porém, é necessário compreender que esse silêncio de Maria não era vazio; ao contrário, estava cheio de contemplação, de meditação, possibilitando a ela um entendimento dos mistérios que a rodeavam. Seu exemplo nos mostra que o silêncio é essencial para uma vida de oração e presença de Deus, para um relacionamento mais profundo com o Criador.

Sobre isso, São João Paulo II declarou:

> Maria transmite ao povo crente este silêncio-acolhimento da palavra, esta capacidade de meditar no mistério de Cristo. Num mundo cheio de ruídos e mensagens de todos os tipos, o seu testemunho permite-nos apreciar um silêncio espiritualmente rico e promove o espírito contemplativo (22 de novembro de 1995).

Maria é mestra da escuta porque não só escutou a Palavra de Deus, como foi capaz de pô-la em prática na sua vida. No momento da Anunciação, demonstrou abertura total ao mistério divino, acolhendo a Palavra não apenas em sua mente, mas em seu coração e em seu ventre – literal e espiritualmente.

Ela permitiu que essa Palavra se tornasse realidade em seu próprio ser, dando origem ao Filho de Deus feito homem. Essa acolhida e entrega profunda de Maria é o que a faz ser reconhecida como a Mãe de Deus, pois sua escuta e aceitação foram fundamentais para a concretização do mistério da Encarnação do Verbo.

Como mestra na escuta, Maria estava imersa na Palavra de Deus; isso fica evidenciado no canto do *Magnificat*, que está repleto de referências e temas do Antigo Testamento. Ela usa a linguagem dos Salmos e das profecias, conectando sua própria experiência à história de Israel. Sabemos, assim, que ela não apenas ouviu, mas interiorizou as Escrituras, tornando-se um eco da tradição divina.

O saudoso Papa Bento XVI assim escreveu:

> O *Magnificat* é inteiramente tecido com fios da Sagrada Escritura, com fios tirados da Palavra de Deus. Desta maneira se manifesta que Ela se sente verdadeiramente em casa na Palavra de Deus, dela sai e a ela volta com naturalidade. Fala e pensa com a Palavra de Deus; esta torna-se palavra d'Ela, e a sua palavra nasce da Palavra de Deus (*Deus caritas est*, 41).

Maria é também conhecida por ser aquela que medita e guarda todas as coisas em seu coração (Lc 2, 19). Não apenas escuta, mas reflete a Palavra, permitindo que a transforme. Essa atitude contemplativa a leva a uma comunhão mais íntima com Deus. A Palavra, guardada e contemplada, produziu frutos em sua vida.

Esse exemplo de Maria nos convida a ultrapassar um devocionismo muitas vezes superficial e sem compromisso. Desafia-nos a ser verdadeiros discípulos, que ouvem, guardam e colocam em prática a Palavra de Deus, mesmo que isso signifique abrir mão dos holofotes e caminhar em silêncio. Seu exemplo há de nos encher de confiança e coragem para viver o Evangelho tendo Jesus no centro da nossa vida, como ela sempre fez.

Se Maria é a Mãe de Jesus segundo a carne, não podemos nos esquecer de algo muito importante: nós podemos gerá-Lo pela fé, pelo acolhimento da Palavra. É como diz Santo Ambrósio:

> Cada alma que crê concebe e gera o Verbo de Deus... Se segundo a carne uma só é a Mãe de Cristo, segundo a fé todas as almas geram Cristo quando acolhem a palavra de Deus (*Comentário ao Evangelho de Lucas*, II, 26).

Maria, a Virgem da Oração

Maria, enquanto Virgem da Oração, é uma intercessora poderosa para todos os cristãos. Houve quem a chamasse de "onipotência suplicante".

Sua vida de oração fervorosa e constante nos inspira a buscar uma relação mais profunda com Deus por meio da meditação, da intercessão e da entrega. Ela nos convida a transformar cada momento de nossa vida em oração, reconhecendo a presença divina em todas as coisas e confiando na providência amorosa de Deus.

Em um mundo onde cada vez mais se valoriza a individualidade, Maria chama-nos a encontrar e a celebrar a presença de Deus junto com nossos irmãos e irmãs. No Cenáculo, por exemplo, após a ascensão de Jesus, encontramo-la em oração com os apóstolos, aguardando a vinda do Espírito Santo (At 1, 14).

Sua presença ali enfatiza a importância da oração comunitária e da união dos fiéis em súplica pelo Espírito de Deus. Maria, a Virgem da Oração, nos mostra que a oração é um caminho para a comunhão e a solidariedade, unindo corações em um propósito comum. O apoio mútuo e a partilha de experiências de fé fortalecem a oração, tornando-a uma prática que não é apenas pessoal, como também, e sobretudo, comunitária.

A vida de oração de Maria nos ensina que há sabedoria em esperar, pois, mesmo nas incertezas, Deus está presente e atuando em nossa vida. Também nos ensina que a oração deve ser uma expressão de nossa gratidão e um reconhecimento das bênçãos e graças que, mesmo sem merecer, recebemos. Maria nos convida a adotar uma postura de louvor em meio às maiores provações. O ato de agradecer é uma forma de oração que nos conecta mais profundamente com Deus e com os outros.

Seguindo o exemplo de Maria, cultivemos uma vida de oração que nos fortaleça nas adversidades, nos oriente nas decisões e nos aproxime cada vez mais do coração de Deus.

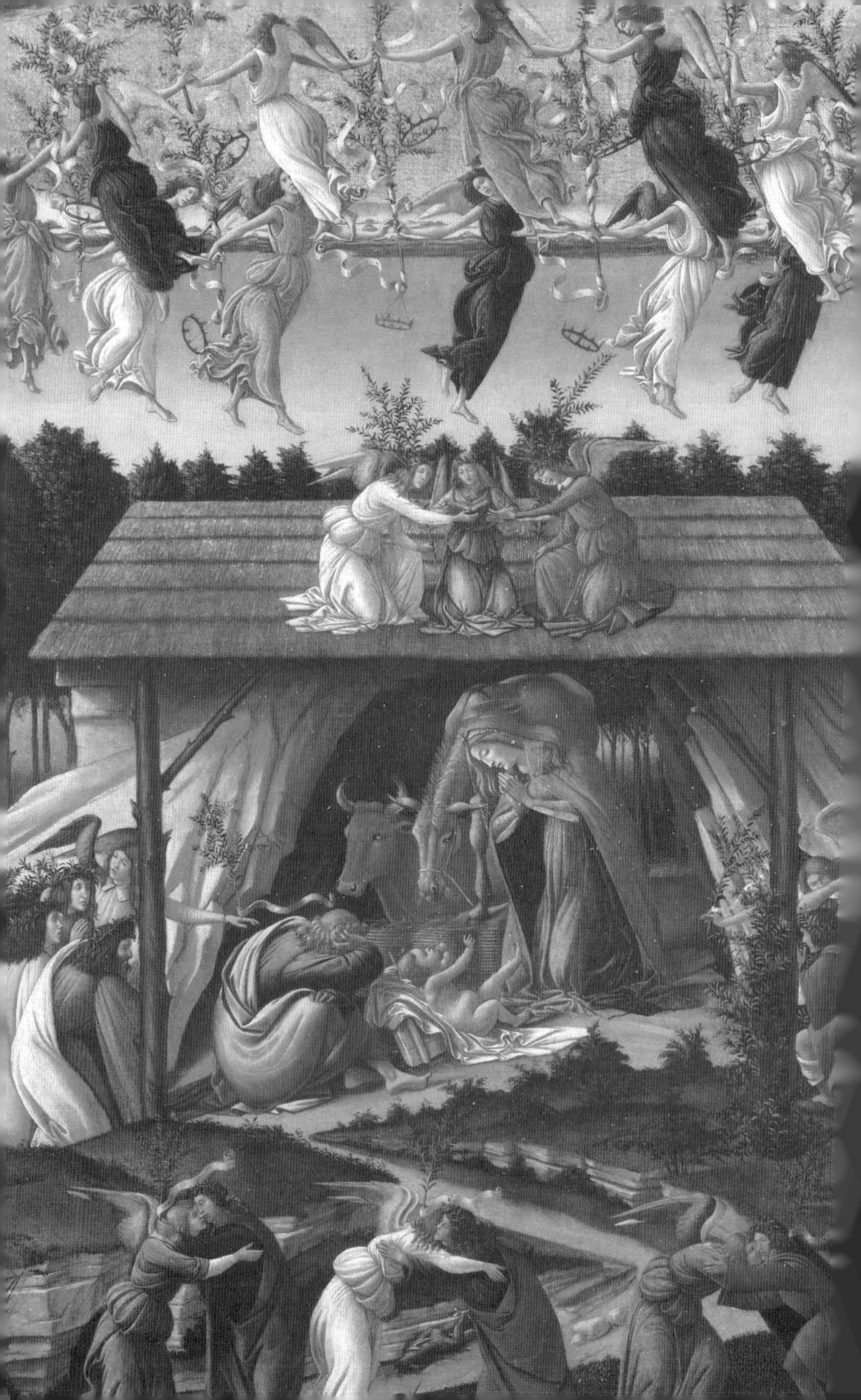

CAPÍTULO 7
AQUELA QUE CAMINHA CONOSCO NOS DESERTOS DA VIDA

Quando criança, sempre me senti profundamente atraído pelas aparições da Virgem Maria. Havia algo de misterioso e encantador nessas narrativas, algo que cativava meu coração. Talvez fosse a imagem da Mãe do Céu que se faz presente, estendendo sua mão amorosa para seus filhos, ou então a sensação de que o Senhor não está distante, mas se comunica conosco de maneira tão íntima e pessoal, usando nossa própria Mãe.

No entanto, à medida que aprofundei meus estudos, aprendi com o *Catecismo da Igreja Católica* que "as revelações privadas, mesmo as mais autênticas, não pertencem ao depósito da fé. Seu papel não é 'melhorar' ou 'completar' a Revelação definitiva de Cristo, mas ajudar a vivê-la mais plenamente em uma certa época da história. Guiado pelo Magistério da Igreja, o fiel acolhe tais revelações para regular a própria conduta, purificar o coração e aprofundar a fé" (CIC, 67).

Sendo mais preciso, vale dizer que a Revelação Divina, contida nas Sagradas Escrituras e na Tradição da Igreja, é a fonte primária e suficiente para uma vida de fé. As aparições marianas são valiosas para a espiritualidade de alguns fiéis, embora aquilo que é essencial e significativo já nos tenha sido dado por Deus.

A vida cristã autêntica se constrói principalmente sobre os alicerces sólidos da Revelação Divina e do Magistério da Igreja, sem depender exclusivamente de eventos extraordinários. Isso não significa que eu desvalorize ou rejeite as aparições marianas. Pelo contrário, reconheço que são instrumentos poderosos para a conversão e o fortalecimento da fé, possibilitando viver melhor o Evangelho no dia a dia. E fazem isso precisamente por corroborar a Revelação e o Magistério.

A Igreja Católica possui um processo rigoroso para avaliar e declarar a autenticidade de aparições sobrenaturais. O processo de validação das aparições é longo e requer a colaboração de psiquiatras, psicólogos, teólogos, entre outros. Não se trata de preciosismo, mas de uma medida essencial de prudência capaz de garantir que as experiências místicas sejam examinadas com seriedade e discernimento, protegendo tanto a fé do povo de Deus quanto a integridade da própria Igreja.

Os principais critérios utilizados nesse processo são:

Investigação teológica e histórica

A primeira etapa na avaliação de uma aparição é a investigação teológica e histórica. A Igreja busca entender o contexto em que a aparição ocorreu, as circunstâncias que a cercam e a mensagem que foi transmitida. Isso inclui uma análise das declarações feitas pelos videntes, bem como a documentação de dados e testemunhos que possam apoiar ou contradizer a experiência. Os teólogos e historiadores analisam se as mensagens da aparição estão em conformidade com a doutrina católica e se não contradizem os ensinamentos fundamentais da fé. A fidelidade às Escrituras e à tradição da Igreja é um aspecto crucial nesta avaliação.

Autenticidade da vida dos videntes

Outro critério importante é a trajetória pessoal dos videntes envolvidos na aparição. A Igreja examina a moralidade, a espiritualidade e a integridade deles. Uma vida de virtudes cristãs, como humildade, caridade e sinceridade, é um indicativo positivo da autenticidade da experiência. A Igreja se preocupa em garantir que os videntes não tenham motivos duvidosos ou interesses pessoais em promover o acontecimento. Além disso, a consistência das mensagens e relatos ao longo do tempo é fundamental. Mudanças ou contradições podem levantar dúvidas sobre a veracidade das aparições.

Frutos espirituais

A Igreja também observa os frutos espirituais gerados pelas aparições. A autenticidade de uma aparição pode ser avaliada pelo impacto que tem na vida espiritual da comunidade. Um aumento na prática da fé, na devoção a Maria, na conversão pessoal e na prática das virtudes são considerados sinais positivos, pois são obras do Espírito Santo. Por outro lado, se as aparições resultam em divisões, conflitos ou comportamentos questionáveis, a Igreja terá motivos para investigar mais a fundo a natureza da experiência. O Diabo é muito esperto, afinal.

Apoio da hierarquia eclesiástica

A relação dos videntes com a hierarquia eclesiástica é outro aspecto importante no processo de reconhecimento, pois a Igreja é o Corpo de Cristo. A docilidade dos videntes à Igreja é uma docilidade ao próprio Cristo e Sua Mãe. É natural, ademais, que os bispos e seus colaboradores se envolvam, pois são eles os pastores que receberam de Cristo a missão de salvaguardar a fé de seu rebanho. A aceitação ou rejeição de uma aparição por parte da hierarquia deve sempre estar no nosso horizonte quando questionarmos a autenticidade de um acontecimento sobrenatural. Quando os bispos ou a Santa Sé se envolvem diretamente nas investigações, ganhamos uma camada de autoridade, uma vez que a Igreja é o depósito da fé.

Discernimento espiritual e acompanhamento pastoral

Finalmente, a Igreja enfatiza a necessidade de um discernimento espiritual contínuo. Mesmo após uma declaração oficial sobre a autenticidade de determinada aparição, a Igreja continua a monitorar as consequências e a vida da comunidade envolvida. O acompanhamento pastoral é essencial para garantir que os fiéis não se afastem do núcleo da fé católica e permaneçam ancorados na doutrina e na prática da Igreja. As aparições de Nossa Senhora, mesmo quando reconhecidas como sobrenaturais, não devem ser vistas como substitutos da fé ou da prática religiosa comum. Em vez disso, elas devem ser integradas à vida espiritual dos fiéis, sempre apontando para Cristo e para a mensagem do Evangelho, tal como salvaguardada pela Igreja.

Aparições reconhecidas

Embora o número de aparições reportadas seja considerável, ao longo da história apenas algumas delas foram oficialmente aceitas ou aprovadas pela Igreja. Entre elas, apresento agora, pela ordem cronológica, aquelas manifestações marianas que considero as mais notáveis:

Nossa Senhora do Carmo (1251)

"Carmo" é um nome que deriva de Monte Carmelo, localidade citada com muita clareza no Antigo Testamento. Foi o profeta Elias quem subiu até o referido cume para rezar e suplicar pela chuva, a fim de fazer cessar a grande seca que assolava o seu povo. Na sétima vez em que esteve no topo do monte, avistou uma nuvem minúscula no horizonte, mas acreditou na graça recebida e mandou avisar o rei Acabe (1 Rs 18, 41-46).

A meu ver, é nesse exato momento que a espiritualidade começa a se manifestar: tratava-se de uma nuvem do tamanho de uma mão humana, perdida no horizonte, que para muitos não significaria nada. Mas, para Elias, que tinha fé, era Deus agindo.

Muito cedo, com base na patrística (no pensamento dos primeiros teólogos cristãos), os Santos Padres viram naquela condição meteorológica algo muito maior, diretamente vinculado à importância da Mãe de Deus. Se, para o povo de Israel, a dádiva principal foi a chuva após uma grande seca, na perspectiva mariana, a pequena nuvem de Deus trouxe a mais abençoada de todas as chuvas: a água viva que é Jesus Cristo, o bendito fruto do ventre da Virgem Maria.

Depois, o Monte Carmelo foi praticamente esquecido, apesar de permanecer como um espaço de visitação, recolhimento e contemplação associado ao grande profeta Elias. Até que um grupo de eremitas seguiu seu exemplo e lá se estabeleceu. Viveram em oração e contemplação, dedicando uma capela a Maria, a quem chamaram de Senhora do Lugar. Com o tempo, essa devoção cresceu, e a comunidade se consolidou como a Ordem dos Carmelitas.

A devoção à Nossa Senhora do Carmo se baseia na tradição segundo a qual, em 16 de julho de 1251, a Virgem Maria apareceu a São Simão Stock, um monge carmelita inglês que suplicara à Virgem um sinal de proteção contra os inimigos da fé. Aquele era um período de dificuldades e perseguições externas e internas. Durante a aparição, Maria entregou a ele um escapulário e prometeu que todos os que o usassem com devoção seriam protegidos e receberiam graças especiais. Essa visão reforçou a devoção e o simbolismo do escapulário, tornando-se um sacramental importante na espiritualidade carmelita.

Ao longo dos séculos, a devoção a Nossa Senhora do Carmo se espalhou por todo o mundo. Muitos santuários e igrejas foram dedicados a ela, e a Ordem dos Carmelitas desempenhou um papel significativo na disseminação dessa devoção. O escapulário de Nossa Senhora do Carmo tornou-se um símbolo de proteção, compromisso e consagração a Maria.

Minha experiência particular com Nossa Senhora do Carmo

Desde que, aos 12 anos, recebi o escapulário e ingressei na Ordem dos Carmelitas, sinto-me profundamente ligado à devoção a Nossa Senhora do Carmo. Ela é madrinha do meu sacerdócio, bem como da obra Evangelizar, e faz parte de um de nossos cinco carismas.

Embora hoje eu não esteja mais na Ordem, costumo dizer que saí do Carmelo, mas o Carmelo não sai de mim. Essa relação de amor e confiança com a Mãe do Escapulário tem sido uma de minhas fontes de força e inspiração ao longo de toda a minha vocação.

Com o passar dos anos, tenho experimentado, dia após dia, a fidelidade e o carinho de Nossa Senhora do Carmo. Ela tem sido minha companheira inseparável, minha conselheira nos momentos de dúvida, meu refúgio nos tempos de provação. Sinto que, por meio dessa devoção, estabeleci uma relação de intimidade e confiança com a Mãe de Deus.

Devo confessar que, em momentos de maior desânimo, como em minha recente enfermidade, graças à qual precisei ficar meses prostrado numa cama, com um colete com ferros, podendo me levantar poucos minutos por dia, foi o Senhor Jesus das Santas Chagas, a mão da Mãe do Carmelo e o escapulário que me sustentaram. Saber que carrego comigo o sinal da proteção de Nossa Senhora me dá a confiança de que jamais estarei sozinho em minhas provações.

Por isso, considero a devoção a Nossa Senhora do Carmo não apenas uma prática piedosa, mas uma verdadeira relação de amor e confiança. Ela é a Mãe que me acolhe, me guia e me fortalece a cada passo. E eu, como filho e fiel devoto, procuro retribuir esse amor com uma entrega cada vez maior da minha vida, cumprindo o que prometi no dia em que fui ordenado: "Onde quer que eu esteja, levarei o seu nome e proclamarei em todos os lugares o seu santo escapulário."

Saliento sempre que o escapulário não é um amuleto. A Igreja o reconhece e considera um sacramental, ou seja, um sinal sagrado que remete aos sacramentos (cf. CIC, 1667). Também não é um adorno: é um sinal de proteção, mas também de serviço, tanto que se trata de uma veste, como um avental colocado sobre as escápulas, usado pelos monges para o trabalho. E é preciso que seja um sacerdote a fazer a imposição do escapulário sobre os fiéis, segundo um rito próprio.

A palavra "escapulário" vem do latim *scapulae*, que significa "ombros"; por isso, costumo insistir: não se usa escapulário no pulso, no tornozelo ou na bolsa. Escapulário se usa sobre os ombros, no pescoço. Para facilitar o uso, foi adaptado para uma forma menor: dois quadradinhos do mesmo tecido marrom do hábito dos monges, unidos por cordões e revestidos com a imagem do Sagrado Coração de Jesus e de Nossa Senhora do Carmo (ou o brasão da Ordem do Carmo).

Na carta por ocasião dos 750 anos de devoção ao escapulário, São João Paulo II apresentou esta peça como um tesouro da Igreja e um sinal do amor de Maria, dizendo:

Este rico patrimônio do Carmelo tornou-se, no tempo, através da difusão da devoção do Santo Escapulário, um tesouro para toda a Igreja. No sinal do Escapulário evidencia-se uma síntese eficaz de espiritualidade mariana, que alimenta a devoção dos crentes, tornando-os sensíveis à presença amorosa da Virgem Mãe na sua vida. O Escapulário é essencialmente um hábito. Quem o recebe é agregado ou associado num grau mais ou menos íntimo à Ordem do Carmelo, dedicado ao serviço de Nossa Senhora para o bem de toda a Igreja.

E declarou ainda:

Também eu levo no meu coração, desde há muito tempo, o Escapulário do Carmo! Pelo amor que nutro pela Mãe celeste de todos nós, cuja proteção experimento continuamente, desejo que este ano mariano ajude todos os religiosos e as religiosas do Carmelo e os piedosos fiéis que a veneram filialmente a crescer no seu amor e a irradiar no mundo a presença desta Mulher do silêncio e da oração, invocada como Mãe da misericórdia, Mãe da esperança e da graça (Carta por ocasião dos 750 anos de devoção ao Escapulário).

Concluo meus comentários sobre esta devoção reforçando que, ao consagrar a mim e o meu sacerdócio a Nossa Senhora do Carmo, coloquei-me sob sua poderosa intercessão. Isso me enche de esperança, pois tenho a certeza de que, com a Virgem Maria ao meu lado, nada poderei temer. Ela me conduzirá, com sua mão maternal, rumo à plenitude da vida eterna. E todos vocês podem ter a mesma experiência.

Nossa Senhora de Guadalupe (1531)

Essa aparição ocorreu em dezembro de 1531 no México, onde a Virgem Maria apareceu a um indígena chamado Juan Diego. Ela pediu que fosse construído um templo em seu nome. Quando Juan Diego relatou a visão ao bispo, este pediu-lhe um sinal milagroso que comprovasse a autenticidade da aparição.

Quando o índio a viu novamente, a Virgem lhe pediu que colhesse flores no topo da colina, algo incomum naquela época do ano. Quando Juan Diego abriu seu manto para mostrar as flores ao bispo, uma imagem da Virgem Maria surgiu milagrosamente impressa no tecido, tornando-se um símbolo da fé católica na América Latina.

Encanta-me a frase que a Virgem de Guadalupe disse a Juan Diego: "Não estou eu aqui, que sou tua mãe?" Trata-se tanto de uma pergunta quanto de uma afirmação. Creio ser um questionamento que instigou Juan Diego – e, hoje, também a nós – a refletir sobre nossa confiança na presença e proteção de Maria. Ao mesmo tempo, trata-se de uma declaração que reafirma o papel maternal e protetor de Nossa Senhora, bem como sua disponibilidade em acolher, consolar e atender aos pedidos de seus filhos. Ela se coloca ao lado do povo, mostrando sua presença constante e seu desejo de cuidar daqueles que a invocam.

A imagem da Virgem de Guadalupe é uma das mais belas e significativas representações marianas. Possui características fascinantes que desafiam explicações científicas, como a ausência de pinceladas. A imagem não apresenta traços de qualquer técnica de pintura humana. Na verdade, ela está a três milímetros do tecido! A tilma (manto) é feita de fibra de cacto, que deveria se decompor em cerca de vinte anos, mas a imagem permanece intacta há quase quinhentos. Contém detalhes simbólicos: por exemplo, as 46 estrelas no manto retratam as constelações visíveis em dezembro de 1531.

Os pés da Virgem, ademais, estão sobre a lua crescente, símbolo de sua vitória sobre o pecado. A expressão da Virgem é serena e acolhedora, transmitindo uma mensagem de amor, proteção e esperança. Do mesmo modo, a imagem contém diversos símbolos e detalhes de riqueza teológica e cultural. A pele morena da Virgem e os raios de sol que a envolvem são interpretados como uma manifestação da Mãe de Deus que se identifica com o povo mexicano. Quando se observa de perto a imagem da Virgem de Guadalupe, impressiona a profundidade e a expressividade de seus olhos. Eles transmitem uma suavidade e uma ternura que cativam os que a contemplam.

No entanto, o que torna os olhos da Virgem de Guadalupe ainda mais extraordinários são os detalhes descobertos neles por meio de estudos e análises minuciosas. Utilizando técnicas de ampliação e de alta resolução, pesquisadores conseguiram identificar, refletidos nos olhos da imagem, a figura de um homem que se acredita ser Juan Diego, o indígena a quem a Virgem apareceu. Também foram encontradas as imagens de outras pessoas, como se a Virgem estivesse refletindo os rostos daqueles que a contemplam.

Essa descoberta é interpretada como um milagre, prova da natureza sobrenatural e divina da aparição. O mesmo quanto ao manto: ele resistiu a todos os testes com ácido, que deveriam ter corroído o tecido.

Padre Oscar González Quevedo, conhecido simplesmente como Padre Quevedo, ficou reconhecido por sua abordagem científica e racional em relação aos fenômenos que investigava. Ele buscava distinguir entre o que não passava de truque e o que poderia ser considerado milagre. Quem não se lembra de seus comentários? Irreverente e cético em relação a fenômenos paranormais, dizia uma frase que ficou famosa com seu sotaque "portunhol": "Isso *non ecziste!*"

Pois bem: Padre Quevedo fez uma exceção quando se tratou da aparição de Nossa Senhora de Guadalupe. Ele reconheceu a autenticidade do fenômeno e admitiu que os estudos científicos realizados na tilma de Juan Diego apresentavam mistérios que desafiavam a explicação racional. Isso marcou uma rara ocasião em que ele não desmentiu a validade de um fenômeno religioso. O sacerdote admitiu que, se há um milagre na história das aparições, esse milagre é o de Nossa Senhora de Guadalupe.

Ser pároco reitor de um santuário dedicado a Nossa Senhora de Guadalupe é, para mim, uma grande honra e responsabilidade. Quando vejo a multidão de fiéis que vem em peregrinação ao santuário, sou tomado por uma profunda emoção. Eles vêm em busca da intercessão da Virgem, confiantes de que ela os ouvirá e atenderá seus pedidos.

Por isso procuro, a cada dia, me tornar um instrumento dócil nas mãos da Virgem, a fim de que, por meio de meu serviço, ela possa continuar a cuidar de seu povo e guiá-lo em direção ao Seu Filho Jesus.

Nossa Senhora Aparecida (1717)

A história de Nossa Senhora Aparecida começa em outubro de 1717, quando três pescadores – Domingos Garcia, Filipe Pedroso e João Alves – ficaram encarregados de conseguir peixes para um banquete em honra ao governador das capitanias de São Paulo e Minas Gerais, que estava de passagem pela cidade de Guaratinguetá, no Vale do Paraíba.

Depois de muitas tentativas frustradas, os homens lançaram suas redes no rio Paraíba do Sul. Primeiro, encontraram uma pequena imagem da Virgem Maria sem a cabeça. Ao lançarem as redes novamente, acharam a cabeça. Depois disso, milagrosamente, as redes se encheram de peixes. Esse evento foi considerado um sinal divino, e a imagem foi chamada de Nossa Senhora da Conceição Aparecida, ou simplesmente Nossa Senhora Aparecida.

A pequena imagem de terracota, de aproximadamente quarenta centímetros, ficou sob a guarda do pescador Filipe Pedroso por cerca de 15 anos, sendo depois entregue à sua família e venerada pelos moradores da região. A devoção cresceu e a fama dos milagres atribuídos à intercessão de Nossa Senhora Aparecida se espalhou.

Com o aumento dos devotos, uma capela foi construída em 1745 para abrigar a imagem. Em 1834, foi iniciado o trabalho de construção da Basílica Velha, que foi concluída em 1888. A devoção a Nossa Senhora Aparecida continuou a crescer e, em 1930, o Papa Pio XI declarou Nossa Senhora Aparecida a padroeira do Brasil.

A devoção do povo brasileiro a Nossa Senhora Aparecida transcende gerações e fronteiras, revelando uma profunda conexão espiritual que une todo o Brasil na mesma esperança. Sua imagem, de feições suaves e olhar sereno, e seu manto azul-anil refletem a maternidade acolhedora que tanto cativa os fiéis.

Nas casas, nas igrejas e nos corações, a presença de Nossa Senhora Aparecida se faz sentir. Este laço com a padroeira nacional não é apenas uma questão de tradição, mas reflexo de um povo que encontra consolo, força e sentido na presença da Mãe.

A cada romaria, a cada prece, os brasileiros reafirmam sua confiança nela, construindo uma história coletiva de milagres e graças alcançadas. Essa devoção transforma não só o ambiente religioso, mas também social, fomentando valores de solidariedade e comunidade.

Nossa Senhora Aparecida é mais do que um ícone religioso; é um símbolo vivo da identidade e da alma brasileira, que não desiste, mas resiste, luta, espera e acredita no poder da fé.

Nossa Senhora das Graças (1830)

Esta é uma devoção mariana que teve origem em Paris, na França. A história começa com as aparições da Virgem Maria a Santa Catarina Labouré, uma jovem freira da Congregação das Filhas da Caridade de São Vicente de Paulo.

Na primeira aparição, viu-se Nossa Senhora sentada em uma cadeira. Catarina ajoelhou-se aos pés de Maria e ouviu palavras de consolo e orientação. Em 27 de novembro de 1830, deu-se a aparição seguinte. Na ocasião, Nossa Senhora apareceu a Catarina com uma veste branca e um manto azul, segurando um globo dourado. Ela estava sobre um globo também, com uma serpente debaixo de seus pés. Ao redor da figura de Nossa Senhora apareciam as palavras: "Ó Maria, concebida sem pecado, rogai por nós que recorremos a vós."

Nossa Senhora trazia as mãos estendidas para baixo, e de seus dedos emanavam raios de luz. Maria explicou a Catarina que esses raios representavam as graças que Ela concede a todos aqueles que as pedem.

Os raios são um símbolo do amor e da misericórdia de Maria, que intercede junto a Deus por todos nós. Eles nos lembram que, por meio da devoção a Nossa Senhora das Graças, podemos receber muitas bênçãos e graças divinas. Cada raio de luz representa uma graça específica que Maria deseja derramar sobre os que recorrem à sua intercessão. Trata-se de um símbolo poderoso da bondade e da generosidade de Nossa Senhora, sempre pronta a ajudar e a proteger seus filhos.

Durante essa aparição, Nossa Senhora instruiu Catarina a cunhar uma medalha de acordo com a visão que teve. A medalha deveria ter a imagem de Nossa Senhora na frente e, no verso, a letra "M" encimada por uma cruz, dois corações – um coroado de espinhos e o outro, transpassado por uma espada – e doze estrelas ao redor.

O símbolo, conhecido como Medalha Milagrosa, foi cunhado e rapidamente se espalhou por toda a França e pelo mundo. Muitas pessoas relataram milagres e graças recebidas por intermédio da devoção e do uso da medalha.

As aparições de Nossa Senhora das Graças a Catarina Labouré deixaram um legado duradouro de devoção e fé. A Medalha Milagrosa continua a ser um símbolo poderoso de proteção e intercessão de Nossa Senhora para milhões de pessoas ao redor do mundo. Mais uma vez, recorda que podemos sempre recorrer à sua intercessão, confiar em sua proteção e amor maternal.

Nossa Senhora de Lourdes (1858)

Em Lourdes, na França, entre fevereiro e julho de 1858, a Virgem Maria apareceu a Bernadette Soubirous em dezoito ocasiões. Lourdes é até hoje um importante local de peregrinação e cura.

Tudo começou em 11 de fevereiro, quando Bernadette, então com apenas 14 anos, estava recolhendo lenha com sua irmã e uma amiga. Ao chegar à gruta de Massabielle, viu uma "Senhora vestida de branco, com um véu e uma faixa azul na cintura".

A Virgem Maria, então, se apresentou a ela, dizendo: "Eu sou a Imaculada Conceição."

Bernadette era analfabeta e não tinha conhecimento da recente proclamação do dogma da Imaculada Conceição pelo Papa Pio IX. Ela não poderia ter inventado ou compreendido algo assim por conta própria, dados o seu contexto de vida e a complexidade teológica do conceito.

Nos dias seguintes, Bernadette voltou à gruta e presenciou 17 aparições da Virgem Maria. Durante essas visões, a Mãe de Deus pediu a construção de uma capela no local e a realização de procissões. Também instruiu Bernadette a cavar a terra com as próprias mãos, e no local começou a brotar água. Essa fonte nunca mais cessou.

Na imagem da Virgem de Lourdes, Nossa Senhora é representada de branco, com um véu e uma faixa azul na cintura, olhando com ternura para Bernadette. Seus pés estão sobre uma rosa, simbolizando sua pureza e sua intercessão.

As aparições de Lourdes tiveram um impacto profundo na vida de Bernadette e da comunidade local. Muitos fiéis começaram a visitar o lugar, buscando curas milagrosas e intercessão.

A Igreja Católica reconheceria a autenticidade das aparições e declararia o santuário de Lourdes um importante centro de peregrinação. Até os dias atuais, o Santuário atrai milhões de peregrinos de todo o mundo, que buscam a graça da cura física e espiritual.

Quando finalmente tive a oportunidade de visitar o Santuário de Lourdes, na França, senti uma emoção indescritível. Ao chegar, fui imediatamente envolvido por uma atmosfera de espiritualidade e devoção. O local me transmitiu uma forte sensação de paz e tranquilidade. Ao mesmo tempo, ver tantos doentes e enfermos peregrinando foi uma experiência profundamente comovente, em grande parte pelo fardo da doença e do sofrimento, condição diante da qual não se pode deixar de sentir compaixão. Todos eles acreditam que a intercessão da Virgem Maria pode trazer-lhes a cura ou, ao menos, a força para suportar suas dificuldades. Isso também me lembrou da fragilidade humana e da necessidade de acolher e cuidar daqueles que mais precisam. Cada momento foi uma oportunidade de me conectar com a espiritualidade daquele lugar, de renovar minha fé e de me abrir à graça que emana dessa sagrada aparição de Maria.

Nossa Senhora de Fátima (1917)

As aparições de Nossa Senhora de Fátima ocorreram em 1917, na pequena aldeia de Fátima, em Portugal. Os protagonistas foram três crianças pastoras: Lúcia dos Santos e seus primos Francisco e Jacinta Marto.

Tudo começou em 13 de maio, quando os três pastorinhos estavam cuidando de suas ovelhas. Eles afirmaram ter visto uma "Senhora mais brilhante que o sol" sobre uma pequena azinheira. A Virgem Maria então se apresentou a eles, dizendo: "Não temais. Eu não vos farei mal."

Nos meses seguintes, a Virgem apareceu aos três videntes seis vezes, sempre no dia 13. Durante essas manifestações, transmitiu mensagens de grande importância, pedindo a conversão dos pecadores, a recitação do Rosário e a devoção ao seu Imaculado Coração. Também pediu a construção de uma capela em sua honra no local das aparições.

Foi em sua terceira aparição que a Virgem pediu para incluir, após cada Mistério do terço, esta oração: "Ó, meu Jesus, perdoai-nos, livrai-nos do fogo do inferno, levai as almas todas para o Céu e socorrei principalmente as que mais precisarem."

As aparições de Fátima foram marcadas por diversos milagres e fenômenos sobrenaturais, como o Milagre do Sol, quando o sol dançou no céu diante de uma multidão de setenta mil pessoas. Os jornais da época se fizeram presentes e registraram o fato.

Nossa Senhora revelou aos pastorinhos três segredos, conhecidos como os "segredos de Fátima". Eles sempre despertaram um misto de fascínio e especulação ao longo dos anos. São visões e mensagens que abrangem temas profundamente espirituais e históricos. A natureza enigmática desses segredos, revelados em partes ao longo do tempo, ainda oferece um terreno fértil para teorias e interpretações, até mesmo sobre o fim do mundo.

Primeiro segredo de Fátima

Consiste em uma visão do inferno. Nossa Senhora teria mostrado a Lúcia, de dez anos; a Francisco, de nove; e a Jacinta, de sete, almas de pecadores sofrendo em um mar de fogo, com demônios e almas humanas em forma horrenda.

Lembremos que essas três crianças captavam o conteúdo das aparições de maneira diferente: apenas Lúcia interagia, vendo, ouvindo e falando com a Virgem Mãe; Jacinta via e ouvia, mas não se comunicava com Nossa Senhora; enquanto Francisco apenas a via. Segundo Lúcia, apenas a Francisco deveriam ser contadas as revelações feitas por Nossa Senhora, mantendo-se segredo absoluto em relação a todos os demais.

Nossa Senhora explicou que muitas almas vão para o inferno porque não têm quem reze e faça sacrifícios por elas. Este segredo, por si só, já é terrível e provocador, desafiando os fiéis a refletirem sobre a realidade da vida após a morte e a necessidade de interceder pelos pecadores.

É importante compreender que a visão do inferno não foi uma punição ou uma demonstração de crueldade por parte da Virgem Maria. Ao contrário, ela o revelou com o intuito de alertar a humanidade sobre a gravidade do pecado e a necessidade urgente de conversão.

Ao mostrar aos pastorinhos as almas atormentadas no inferno, Nossa Senhora estava buscando tocar seus corações e, por meio deles, despertar a consciência de toda a humanidade. Ela queria que todos compreendêssemos a realidade do pecado e de suas consequências eternas, para que haja um empenho de conversão, oração e penitência. Trata-se essencialmente de um conteúdo de amor, esperança e misericórdia. A Virgem Maria deseja ardentemente que nenhuma alma se perca e que todos os homens alcancem a Salvação eterna.

Segundo segredo de Fátima

Aborda a profecia de que a Primeira Guerra Mundial terminaria, mas, se as pessoas não se convertessem e não parassem de ofender a Deus, uma pior, a Segunda Guerra, ocorreria. Também incentiva atos de devoção e consagração ao Imaculado Coração de Maria, associados à comunhão reparadora aos primeiros sábados. Menciona especialmente a necessidade de consagrar a Rússia ao Imaculado Coração, alertando sobre a propagação dos erros daquele país e as consequências disso para o mundo. A mensagem do Segundo Segredo novamente enfatiza a urgência da conversão, da oração e da penitência, ligando as questões espirituais às realidades políticas da época.

Terceiro segredo de Fátima

Talvez este seja o segredo mais especulado de todos. Descreve a visão de um "bispo vestido de branco" que é morto junto com muitos outros religiosos e leigos. Permaneceu guardado por décadas, o que gerou muita especulação e medo.

A pedido de São João Paulo II, foi revelado em 13 de maio de 2000 (assim interpretado pelo prefeito da Congregação para a Doutrina da Fé, na época o Cardeal Ratzinger, futuro Bento XVI). É interpretado como o terrível atentado sofrido pelo Papa João Paulo II, na Praça de São Pedro, a 13 de maio de 1981. A mão protetora da Mãe de Fátima desviou a bala, protegendo o Santo Padre.

No entanto, em razão do forte simbolismo e das múltiplas interpretações feitas por outras pessoas, o terceiro segredo ainda gera muitas discussões e teorias.

A imagem de Nossa Senhora de Fátima no Brasil

A história da imagem de Nossa Senhora de Fátima que chora e verte mel, óleo, sal e vinho, difundida no Brasil, é um relato fascinante que combina fé, devoção popular e manifestações extraordinárias. No entanto, deixo claro que o assunto ainda está em estudo e não tem aprovação oficial por parte das Autoridades Eclesiais. Também não se trata da minha opinião pessoal, pois me posicionarei fielmente ao que for decidido pela Igreja. Registro aqui minha experiência de buscar saber mais sobre esses fatos que estão amplamente divulgados. A imagem pertence a uma fiel que a recebeu de presente de uma vizinha que fora a Fátima, em substituição a outra que era usada durante os encontros de oração e recitação do Rosário.

O primeiro contato que tive com essa manifestação foi por meio de uma pequena relíquia, um pedacinho da imagem que também vertia mel. Fiquei muito interessado e, durante as gravações de um episódio do programa *Padre em missão* sobre o assunto, desloquei-me junto com a equipe de filmagem até o interior de São Paulo, onde a imagem se encontrava. Conversei com a proprietária da imagem, que não quis aparecer, mas relatou que tudo começou no dia 13 de maio de 1993, quando o objeto começou a verter água (lágrimas). Depois, passou a verter mel, óleo, sal e vinho.

Na oportunidade, fui recebido por um sacerdote com graduação em parapsicologia e que pesquisa o assunto desde 1999. Ele relatou que se trata de uma área do conhecimento recomendada pela Igreja e voltada a estudar os fenômenos da mente. Perguntei-lhe se aquele poderia ser um fenômeno nascido de confusão mental por parte da proprietária da imagem e, também, se ele já havia considerado essa possibilidade. Ele confirmou que a parapsicologia é acionada justamente quando esgotadas as tentativas de explicação objetiva por parte das ciências tradicionais.

O sacerdote também me contou que já investigara inúmeros casos de acontecimentos paranormais que não são charlatanismo. Existem ocorrências em que a pessoa consegue transferir para uma imagem lágrimas e sangue, por exemplo, e não faz isso intencionalmente ou por maldade: trata-se de um fenômeno da mente. Porém, do ponto de vista da parapsicologia, isso só acontece se a pessoa (no caso, a proprietária da imagem) estiver a cinquenta metros da imagem, no máximo. Não existe nenhum documento que confirme qualquer fenômeno gerado pela mente de alguém posicionado a uma distância superior a essa.

Já essa imagem de Nossa Senhora de Fátima não verte as referidas substâncias apenas na presença de sua proprietária ou estando a cinquenta metros dela, pois trata-se de uma imagem peregrina, que visita várias dioceses. Por isso, a hipótese de ser um fenômeno da mente foi descartada.

A Igreja continua fazendo pesquisas do ponto de vista eclesiástico, incluindo autorizações, esclarecimento de dúvidas e avaliações. Como já disse, os processos são cautelosos e morosos, exatamente para salvaguardar a dimensão do que é verdade e, portanto, divino. Ressalto que os fenômenos da imagem de Nossa Senhora de Fátima, conhecida como Nossa Senhora do Mel, acontecem há mais de trinta anos.

Em razão do desgaste provocado na estátua por suas múltiplas viagens, ela passou por restaurações. Na última delas, feita por uma empresa especializada, ficou constatado que a imagem, que é oca, já foi serrada ao meio clandestinamente, possivelmente por alguém que tentara encontrar algum dispositivo interno e provar ser uma fraude. Além disso, foi impossível a restauração da pintura, porque, mesmo durante os trinta dias em que a imagem esteve com os restauradores, ela verteu mel o tempo todo, o que dificultou o processo.

A imagem também já foi analisada por cientistas diversas vezes. Segundo o sacerdote mencionado, os resultados das análises confirmaram que os elementos vertidos são água, sal, azeite e mel. O mel, em particular, foi identificado como sendo diferente de qualquer outro produzido por abelhas conhecidas na Terra.

Outra curiosidade interessante diz respeito a uma oftalmologista que fotografou os olhos da imagem de Nossa Senhora do Mel. Surpreendentemente, ela observou um reflexo vermelho, característico de olhos humanos. Além disso, ao iluminar diretamente os olhos da imagem, a pupila se contraiu, assim como acontece conosco.

Tendo esgotado todos os estudos e investigações sem que houvesse uma explicação plausível a respeito do fenômeno, o sacerdote parapsicólogo declarou que se trata de uma manifestação que transcende a ciência e, portanto, classificou-a como supranormal, ou seja, um milagre. Os legados dessa manifestação são conversões, transformações de vida e fortalecimento espiritual.

Durante a minha presença junto à imagem de Nossa Senhora do Mel, houve um momento caracterizado por uma mistura de sentimentos difíceis de descrever. Ela estava com a expressão triste, e as lágrimas brotaram de seus olhos. Começamos a oração, observamos manifestações de sal e, posteriormente, uma quantidade significativa de mel. Esse momento foi recebido com admiração e gratidão. Existem fatos de expressão parapsicológica que não domino e permeiam o assunto. Aguardarei obediente e fielmente as posições oficiais da Igreja Católica.

Para finalizar, ressalto que a Igreja, ao lidar com fenômenos extraordinários como esse, enfatiza a importância de um discernimento equilibrado. A investigação científica é uma parte essencial do processo de avaliação, mas a fé e a devoção popular também desempenham papel fundamental na compreensão dessas manifestações. Qualquer que seja a manifestação de Nossa Senhora, ela sempre atende a somente um propósito: guiar todos a Jesus, mostrando o amor, a ternura e a bondade de Deus.

Apesar dessa variedade de títulos, Maria é uma só pessoa, e todos esses nomes apontam para a mesma Mãe amorosa e compassiva. A multiplicidade de títulos não divide a Virgem; ao contrário, enriquece a compreensão que os fiéis têm dela.

Assim, ao longo dos séculos, diversas culturas e regiões do mundo vêm expressando sua devoção mariana de maneiras diferentes. Cada título reflete uma faceta específica de sua vida, incluindo virtudes, aparições e intervenções milagrosas. Os múltiplos nomes de Nossa Senhora nos permitem ver Maria em toda a sua riqueza e complexidade e nos ajudam a nos aproximar dela conforme nossas necessidades e inclinações pessoais.

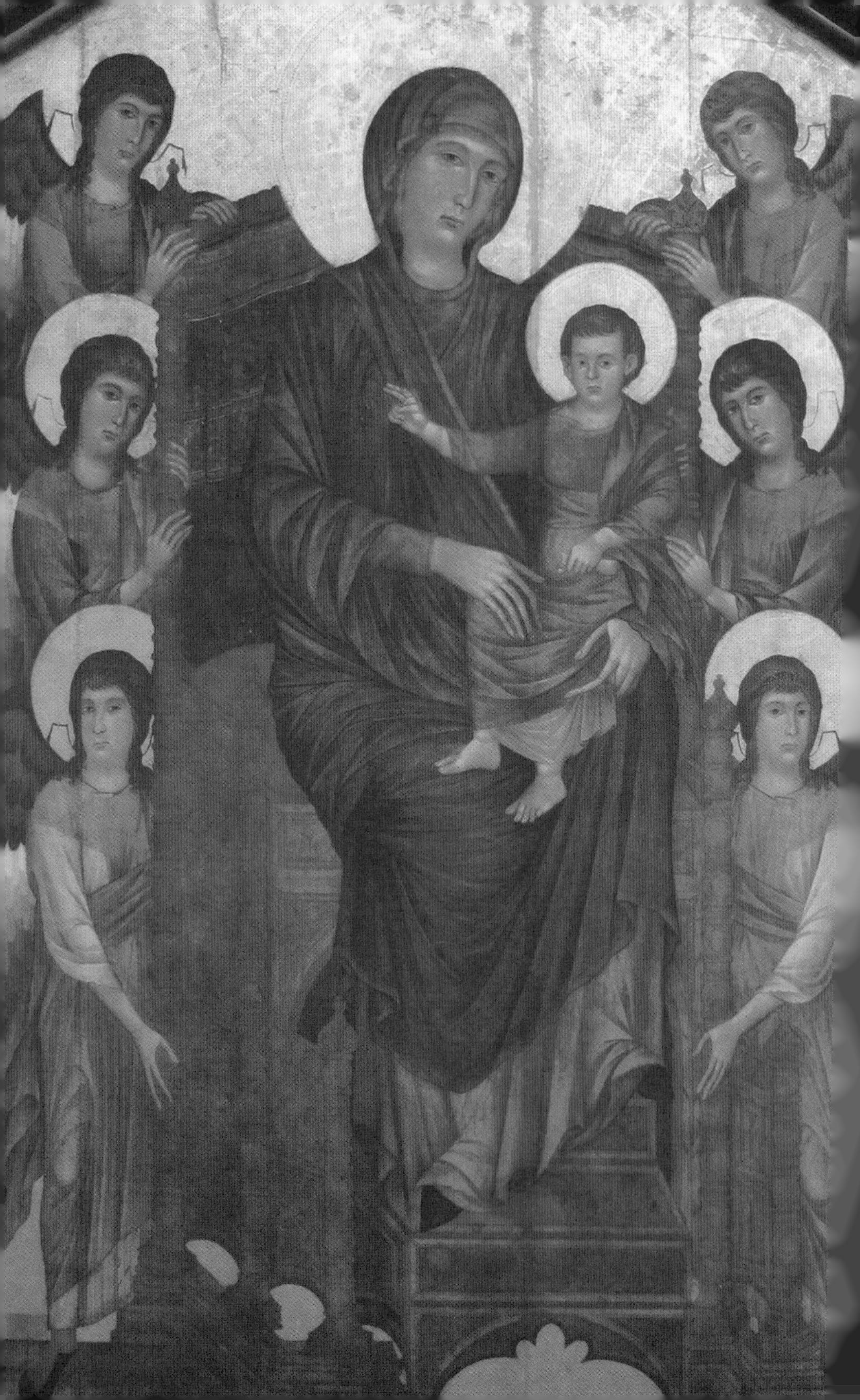

CAPÍTULO 8
A GRANDE ADVERSÁRIA DE SATANÁS

A inimizade entre a Virgem Maria e o Diabo é um tema profundamente enraizado na tradição cristã. Ela simboliza a luta entre o Bem e o Mal que só terá fim quando da Segunda Vinda de Cristo.

A Igreja Católica ensina que a Virgem Maria desempenha um papel fundamental na batalha espiritual de cada fiel. Sua intercessão, humildade, santidade e pureza a tornam uma figura poderosa no combate ao Demônio e suas tentações. Ela é um refúgio seguro, sempre.

De fato, uma das principais causas do ódio de Satanás por Maria é a sua humildade, que é diametralmente oposta ao orgulho do tentador. Lúcifer chegou a ser um dos anjos mais elevados, mas recusou-se a servir. Sua queda foi provocada pelo orgulho e pela incapacidade de aceitar um plano divino no qual ele não era o centro.

O ódio de Satanás por Maria é tanto pessoal quanto teológico. Ela revela o caminho da fé, da humildade, da obediência, da simplicidade e da entrega total a Deus, o que Satanás abomina, pois optou pela soberba e pela rejeição a seu Criador. Assim, a humildade de Maria reflete exatamente o que Satanás renegou em sua queda. Ela representa tudo o que ele odeia e despreza, pois escolheu o caminho da rebeldia, do orgulho e do desejo de ser adorado. E, por seu ódio a Deus, deseja que cada homem e cada mulher também fique longe do Senhor.

Ver uma simples criatura humana, ainda mais uma mulher, ser exaltada por Deus devido à sua humildade é insuportável para o orgulho de Satanás. O dogma da Imaculada Conceição, que afirma que Maria foi concebida sem pecado original, é outro ponto, talvez o central, na compreensão dessa inimizade: desde o primeiro momento de sua existência, Maria foi preservada do pecado em vistas dos méritos futuros de Jesus.

O embate não se limita ao aspecto simbólico. Ele se desdobra ao longo da história da Redenção e culmina na Cruz, onde o cumprimento da profecia de Gênesis se torna claro: Jesus, o descendente da mulher, derrotou definitivamente o poder do pecado e da morte, esmagando a cabeça da serpente, ainda que seu calcanhar tenha sido ferido (em referência à dor do sacrifício). O céu se abre novamente.

Presente ao pé da Cruz, Maria partilha desse triunfo. Sua presença ao lado do Salvador, mesmo nas horas mais sombrias, reforça seu papel como colaboradora no Plano de Redenção e como a grande adversária de Satanás. Não por acaso, na tradição cristã, Maria é frequentemente retratada pisando na cabeça da serpente, uma imagem poderosa que remonta ao anúncio feito no Gênesis.

Como já expliquei, esse gesto de Maria sugere a restauração da ordem espiritual, na medida em que sua entrega e obediência ao plano de Deus desfazem o estrago causado pela desobediência de Eva. Se Eva foi enganada pela serpente, Maria, com sua fé inabalável e pureza imaculada, tornou-se o antídoto da primeira queda. Ela é o triunfo da graça sobre o pecado.

Finalmente, Satanás odeia e teme Maria porque, na vitória final sobre o Mal, ela está destinada a ter um papel especial. No livro do Apocalipse, consta a visão de uma "mulher vestida de sol" perseguida por um dragão (Ap 12, 1-17).

O Apocalipse, também conhecido em alguns países como Livro da Revelação, é um dos textos mais enigmáticos e intrigantes da Bíblia. Com suas visões dramáticas e simbólicas, aborda temas como o fim dos tempos, a luta entre o Bem e o Mal, a realidade dos justos no Céu e a promessa de uma Nova Criação.

Essa combinação de elementos proféticos e apocalípticos tem o poder de despertar tanto fascínio quanto medo. As imagens de catástrofes naturais, de guerras e do juízo derradeiro podem ser profundamente perturbadoras. Entretanto, o Apocalipse não é uma narrativa de medo e destruição; oferece, sobretudo, uma mensagem de esperança e renovação.

Seu capítulo 12 começa com uma visão impressionante: um grande sinal aparece no céu, precisamente aquela mulher vestida de sol, com a lua a seus pés e uma coroa de doze estrelas sobre a cabeça. Essa mulher reflete a glória e o poder de Deus, pois seu brilho é sobrenatural. Está, ademais, em harmonia com as forças da natureza, representadas pela lua e pelas estrelas.

No entanto, a narrativa logo muda. A mulher, grávida, sofre intensamente e clama em trabalho de parto: são os tempos de provação e dor que o povo de Deus enfrenta no mundo. A dor de parto anuncia a vinda de algo transformador. Essa mulher, que representa tanto Maria quanto a Igreja, é um sinal de que a batalha entre o Bem e o Mal continua até o fim dos tempos.

A narrativa, então, descreve um dragão vermelho, que representa Satanás, pronto para devorar o filho da mulher assim que ele nascer. Há uma batalha no Céu, entre os anjos de Deus e os guerreiros do dragão. Mas João deixa claro que Deus já venceu essa luta. A mulher, já na terra, é perseguida pelo dragão, que quer destruí-la. Mas Deus vem em seu socorro, dando-lhe asas de águia para que possa fugir para o deserto, onde é alimentada e protegida.

O texto termina com o dragão furioso indo combater o "resto da descendência" da mulher, aqueles que seguem os mandamentos de Deus e o testemunho de Jesus: todos nós.

A perseguição à mulher é um reflexo da constante oposição de Satanás a Maria, à Igreja e ao plano de Deus. Contudo, a imagem de Maria no Apocalipse como vitoriosa, triunfante e protegida por Deus demonstra que, apesar das tentativas do Diabo, a vitória já foi assegurada por Cristo.

Em muitas situações, nós nos sentimos vulneráveis e desprotegidos diante do Mal, a exemplo da mulher no deserto. Não obstante, a vitória definitiva sobre o Diabo, prenunciada no Gênesis, realizada na Cruz e descrita no Apocalipse, é uma vitória que Maria compartilha com Cristo. Assim, a inimizade entre Maria e o Diabo é, em última instância, um testemunho definitivo de Deus sobre o pecado e as forças destrutivas do Inferno. O amor de Deus, que nos abre o Céu, dá-nos a esperança e a promessa de um novo Céu e uma nova terra livres de todo mal, quando o veremos, nas palavras de São Paulo, face a face.

A autoridade de Maria

Sabemos, pela tradição, que Satanás e seus demônios odeiam e temem profundamente a Virgem Maria. Ao mesmo tempo, reconhecem e respeitam sua autoridade espiritual e sua proximidade com Deus.

Segundo relatos de exorcistas, durante sessões de exorcismo, os demônios muitas vezes reagem com terror ao nome de Maria e à invocação de sua intercessão. Eles reconhecem sua pureza e o poder dado por Deus, e por isso sua presença lhes é insuportável. Certamente recordam, por meio de Maria, que Ele, no fim das contas, triunfará. Que Satanás nada pode diante da onipotência divina.

Padre Gabriele Amorth (1925-2016), um dos mais renomados exorcistas da Igreja Católica, fez diversas declarações sobre a relação entre a Virgem Maria e o Diabo. Ele afirmou que ela possui um poder de intercessão único. Padre Amorth incentivava a devoção a Maria como a melhor forma de se proteger do Diabo.

O exorcista também enfatizava a importância de sacramentais como o terço, o escapulário e as medalhas com imagens de Maria, pois acreditava que esses objetos de devoção ajudam os fiéis a recordar a presença amorosa da Mãe e recorrer a ela. A oração do Rosário, em particular, é vista como uma arma poderosa contra as forças do Mal: cada Ave-Maria é um golpe contra o Diabo.

No seu livro *Novos relatos de um exorcista*, Padre Amorth descreve detalhadamente a ação da Virgem Maria numa sessão de exorcismo. Nas suas palavras:

> Maria é realmente medianeira de graças, porque é sempre ela que obtém do Filho a libertação de al-

guém das garras do Demônio. Quando se começa a exorcizar um endemoniado, um daqueles de quem o Diabo se apossa realmente por dentro, somos insultados e gozados: "Eu estou aqui muito bem... Nunca sairei daqui... Tu não podes nada contra mim... És muito fraco e estás a perder o teu tempo..." Mas, pouco a pouco, Maria vai entrando em campo e a música começa a mudar: "É ela quem quer... Contra ela não posso nada... Diz-lhe que deixe de interceder por esta pessoa... Ela ama muito esta criatura... Bem, para mim acabou..." Também me aconteceu muitas vezes ser-me logo atirada à cara a intervenção de Nossa Senhora, desde o início do exorcismo: "Eu estava aqui tão bem, mas foi ela quem te mandou... Sei por que vieste, porque foi ela que quis... Se ela não tivesse intervindo, eu nunca te teria encontrado...". (G. AMORTH, *Nuovi racconti di um exorcista*. Roma: Edizioni Dehoniane, 1992, pp. 220-221 [trad. port.: *Novos relatos de um exorcista*. Rio de Janeiro: Paulus, 2004]).

Francesco Bamonte, outro padre exorcista da diocese de Roma e atual presidente da Associação Internacional dos Exorcistas, tem livros sobre exorcismo e a força do Rosário contra os demônios, incluindo *A Virgem Maria e o Diabo nos exorcismos*.

Os demônios ficam mais indignados e raivosos com Maria do que com o próprio Deus, diz ele. Segundo o Padre Bamonte, "eles não aceitam ser derrotados por Deus mediante a cooperação de uma criatura humana, inferior a eles por natureza – e, além disso, Imaculada, a única sem aquele pecado com o qual eles tinham submetido ao seu poder todo o gênero humano".

O Padre Bamonte dá seu testemunho:

Durante os exorcismos, os demônios se dirigem a Nossa Senhora urrando, com um ódio espantoso, mas não se atrevem a pronunciar o nome da Virgem; raríssimas vezes se dirigem a ela como Virgem Maria. Sempre num tom desprezível, dizem "ela", desrespeitando-a com palavras grosseiras. Sentem ódio e nojo por ela. (*A Virgem Maria e o Diabo*, p. 36).

Mais uma curiosidade a respeito do assunto é citada pelo Padre Bamonte. Ele escreve que, em 1823, em Avellino, uma pequena vila na Itália, dois sacerdotes dominicanos, os Padres Bassiti e Pignataro, estavam exorcizando um menino de apenas onze anos, possesso, que era analfabeto. Durante o exorcismo, teriam ordenado ao Demônio, em nome de Jesus, que demonstrasse a veracidade da Imaculada Conceição de Maria. Para a surpresa de todos, o Demônio, por intermédio do menino, compôs um soneto de grande genialidade poética e perfeita precisão teológica sobre a verdade da Imaculada Conceição:

Sou verdadeira mãe de um Deus que é Filho,
E sou sua filha, ainda ao ser sua mãe;
Ele de eterno existe e é meu Filho,
E eu nasci no tempo e sou Sua Mãe.

Ele é meu Criador e é meu Filho,
E eu sou Sua criatura e Sua Mãe;
Foi divinal prodígio ser meu Filho,
Um Deus eterno e ter a mim por mãe.

> O ser da mãe é quase o ser do Filho,
> Visto que o Filho deu o ser à mãe
> E foi a mãe que deu o ser ao Filho.
>
> Se, pois, do Filho teve o ser a mãe,
> Ou há de se dizer manchado o Filho
> Ou se dirá Imaculada a mãe.

Este soneto contém em si um raciocínio muito sólido e persuasivo em defesa da Imaculada Conceição de Maria, a ponto de comover profundamente o próprio Papa Pio IX, que o leu em 1854 – portanto, mais de trinta anos depois, e no ano em que o dogma da Imaculada Conceição foi oficialmente proclamado pela Igreja.

Entretanto, é de suma importância registrar que não há nenhuma fonte crível sobre a veracidade de tal soneto. Padre Bamonte teria encontrado alguns relatos de tal episódio em livros do Padre Candido Amantini *(Il Mistero di Maria*, pp. 329-330), no já referido livro de Padre Amorth (*Nuovi racconti di un esorcista*, p. 219) e também no primeiro volume do *Epistolário* do Padre Pio (pp. 332-333, 336), mas sempre sem a referência às fontes. Em suas pesquisas, Padre Bamonte descobriu que tal composição lírica tinha sido citada pelo cardeal Francesco Salesio della Volpe no processo ordinário romano, que se realizou entre 1907 e 1928, para a beatificação e canonização do Servo de Deus, Papa Pio IX, e que ficou reportado na *Positio Romana. Beatifícationis et canonizationis Servi Dei Pii IX, Summi Pontificis, Positio super virtutibus, vol. 1: Summarium*, p. 70. (F. Bamonte. *A Virgem Maria e o Diabo nos exorcismos*, pp. 37-40).

De todo modo, tenhamos em mente, sempre, que a inimizade entre Maria e o Diabo não é apenas uma luta antiga e resolvida, mas uma realidade que ressoa na vida da Igreja que peregrina rumo ao Pai. Essa realidade nos convida a refletir sobre nossas próprias batalhas interiores – as dúvidas, os medos e as tentações – e a buscar a intercessão da Virgem Mãe, que tem vitória garantida.

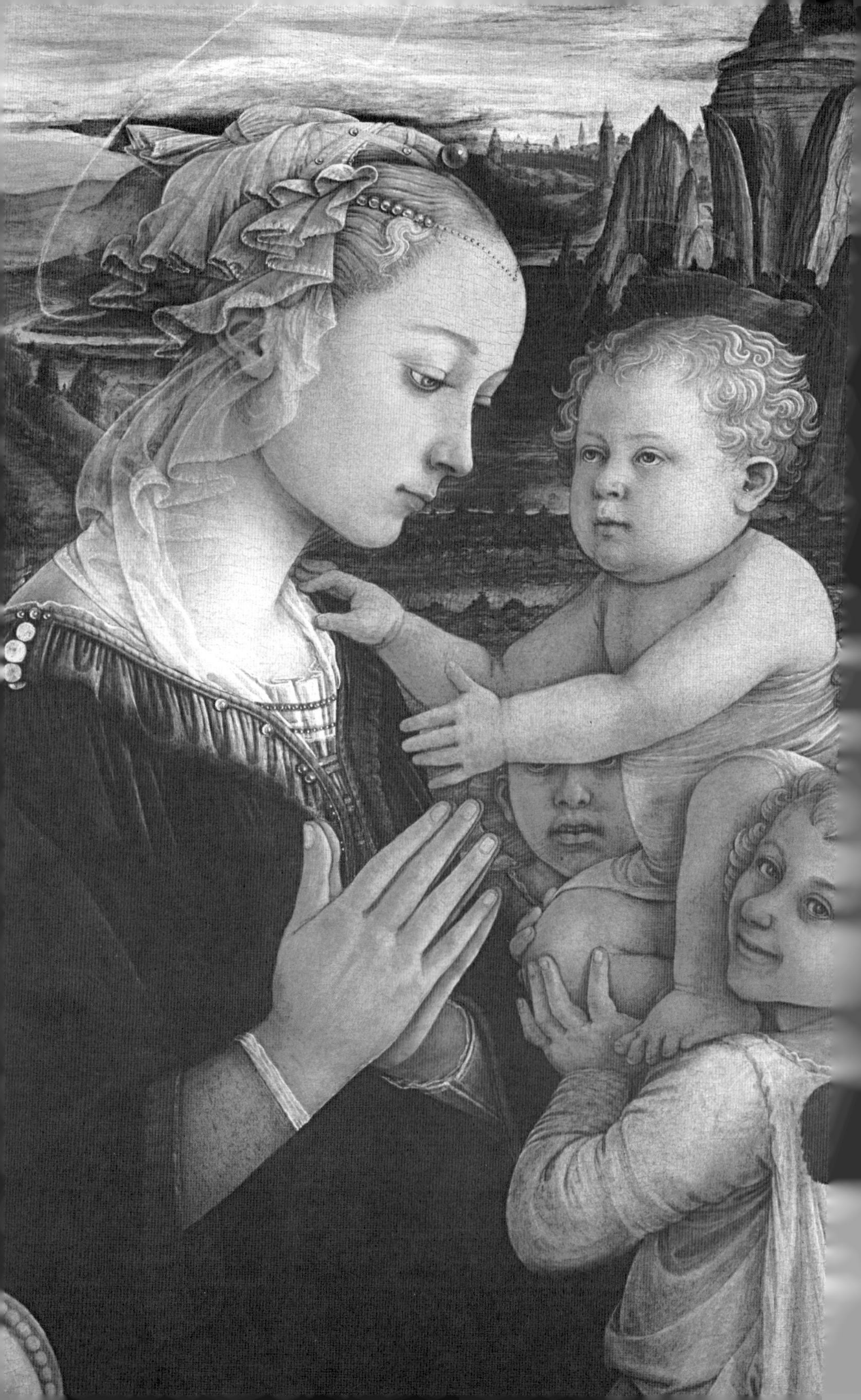

CAPÍTULO 9
MÃE DA GRAÇA, "MUITO MAIS ESPERTA QUE O DIABO"

Dizer que a Virgem Maria é "muito mais esperta que o Diabo" pode parecer algo simples ou até óbvio, como se fosse uma platitude. No entanto, por trás de uma frase aparentemente comum, há uma vida inteira de acontecimentos profundamente significativos.

É no contexto de sua vida que podemos afirmar que Maria é, de fato, "muito mais esperta que o Diabo". Ao longo deste livro, abordamos passagens que nos ajudam a entender sua sabedoria singular e sua total sintonia com o plano de Deus. Maria não manifesta sua inteligência em termos mundanos de sagacidade, mas por meio de uma sabedoria superior, espiritual, fruto de sua união profunda com o Espírito Santo. Enquanto o Diabo, embora extremamente astuto, está limitado por sua própria rebeldia, Maria compreendeu o mistério do amor divino e da obediência.

Ao se afastar de Deus, o Diabo afastou-se de vez da bondade e da verdade; e, como "pai da mentira" (Jo 8, 44), faz do engano sua principal arma contra a humanidade. Desde o Jardim do Éden, quando seduziu Eva com palavras falsas, até suas contínuas tentativas de desviar a humanidade do caminho de Deus, ele se utiliza da astúcia para iludir e manipular. Em contraste, Maria, alinhada com a vontade divina, sem a distorção causada pelo pecado, soube discernir o Bem do Mal com precisão. E deseja que saibamos fazê-lo também.

A perspicácia espiritual de Maria e sua confiança total em Deus impediram que o Diabo tivesse poder sobre ela. Ao contrário de Eva, Maria jamais vacilou em sua fidelidade a Deus.

Essa simplicidade e obediência, paradoxalmente, tornam Maria mais "esperta" que Satanás. O Diabo tenta corromper e desviar por meio da dúvida e da confusão, mas Maria, com sua fé inabalável, viu além. Essa sabedoria não era fruto do intelecto humano, e sim de uma profunda conexão com o Criador. Ela entendeu que a verdadeira inteligência está em seguir a vontade divina, algo que Satanás, em seu orgulho, nunca pôde compreender.

Aliás, o orgulho é a principal fraqueza de Satanás. Ele foi expulso do Céu por rejeitar sua condição de criatura e não querer servir. Em contraste, Maria é o modelo supremo de humildade. Ela não busca exaltação para si mesma e sabe-se pequena, criatura, pouca coisa. E por isso alcançou tanto.

Essa humildade tornou Maria infinitamente superior a Satanás, portanto. Enquanto ele tenta se elevar acima de sua condição e se rebelar contra Deus, Maria se coloca completamente nas mãos do Criador. Essa atitude a torna impenetrável às estratégias de engano do Diabo, que se aproveita do orgulho e da vaidade humana para corromper.

Como já mencionei, o Diabo procura meios complexos e traiçoeiros para alcançar seus objetivos. Mestre em manipular o orgulho e a ambição, ele seduz com poder, riqueza e prazer, aproveitando-se das fraquezas humanas para afastar as pessoas de Deus. Porém, não pode fazer nada contra Maria, que nunca buscou nada disso. Sua única "ambição" era fazer a vontade de Deus, e nisso reside sua verdadeira esperteza espiritual.

Podemos, então, traçar um paralelo: o Diabo, ou Lúcifer, foi originalmente um anjo de grande beleza e perfeição (cf. Is 14, 12-15), um espírito puro por natureza. Porém, usou seu livre-arbítrio para rebelar-se contra Deus, corrompendo-se e sendo precipitado do Céu. Maria, preservada do pecado original pela graça, totalmente humana pela natureza, também livre para pecar, escolheu não o fazer. Ela se santificou no serviço e na obediência, fazendo em tudo a vontade divina, e foi assunta ao Céu. Entre os dois, Maria é ou não é a mais sábia?

Maria personifica a sabedoria da oração constante, da escuta atenta e ativa da Palavra de Deus. Enquanto o Diabo tenta enganar e dividir, Maria intercede para que a unidade de todos os filhos de Deus se realize.

O "sim" de Maria ao anjo Gabriel inaugura a derrota do poder do pecado e da morte; ela não apenas aceitou a missão que lhe foi dada, mas a fez com um entendimento profundo de sua participação no mistério da Salvação, algo que o Diabo, com toda a sua astúcia perversa, foi incapaz de compreender ou aceitar.

O Diabo, em sua arrogância, nunca poderia aceitar que Maria de Nazaré, uma jovem simples, estivesse acima dos anjos em importância. Quem sabe esperasse que a Salvação viesse por meios compatíveis com o seu repertório – talvez por uma exibição de força ou poder militar. No entanto, Deus escolheu o caminho da simplicidade e do amor mediante uma criatura! Ela é um testemunho de que a verdadeira inteligência não reside na manipulação ou no engano, mas na pureza, na humildade, no amor e na obediência a Deus.

A devoção a Maria

Ao longo do meu sacerdócio, tenho me deparado com pessoas que sentem receio de amar e de serem devotas de Nossa Senhora, temendo tirar com isso a centralidade de Jesus. Essa preocupação pode ser superada quando entendemos o papel de Maria na economia da Salvação.

Esse também foi um questionamento precoce de São João Paulo II, que, dois anos antes de seu falecimento, deu um testemunho pessoal em carta enviada à Família Montfortina, por ocasião do 300º aniversário da morte de São Luís Maria Grignion de Montfort, conhecido como o "Apóstolo da Virgem Maria". Assim escreveu o Papa:

> Quando jovem, ao ler o *Tratado da verdadeira devoção à Santíssima Virgem*, encontrei uma resposta para minhas dúvidas sobre o temor de que o culto excessivo a Maria pudesse obscurecer a supremacia de Cristo. Sob a orientação sábia de São Luís Maria, compreendi que, se vivemos o mistério de Maria em Cristo, tal perigo não existe. De fato, o pensamento mariológico deste Santo está sempre baseado no mistério trinitário e na verdade da Encarnação do Verbo de Deus.

É claro que a Virgem Maria não é a origem da graça. No entanto, por ser Mãe de Jesus Cristo, que é autor e fonte de toda graça, ela se torna o canal por meio do qual a graça de Cristo nos é comunicada. Por essa razão, pode ser chamada de Mãe da Graça. Em nossa busca pelo discipulado de Jesus, é justa, digna e de grande valia espiritual a devoção a Maria, Mãe de Jesus. Ela é vista como a primeira e mais perfeita discípula.

Maria é como uma estrela que reflete a luz de Cristo, guiando-nos com segurança em nossa caminhada de fé. Longe de tirar a centralidade de Jesus, a verdadeira devoção a Maria nos leva a uma conformidade maior com a vontade de Deus, a uma estreita proximidade com Seu Filho. "Fazei tudo o que Ele disser": é o que nos diz até hoje.

O amor dedicado a Maria e a busca por imitar seus exemplos e virtudes são de grande valor para nossa Salvação. São Maximiliano Maria Kolbe escreveu:

> Não temais amar demasiadamente a Imaculada, porque, por maior que seja o vosso amor por Ela, nunca podereis igualar o amor que Jesus lhe dedicou, em cuja imitação está toda a nossa santidade.

A verdadeira devoção a Nossa Senhora nos leva a Cristo, nos ensina a confiar plenamente em Deus e nos ajuda a viver segundo Sua vontade. Ser devoto de Maria é, portanto, confiar que, ao nos aproximar dela, estamos nos aproximando mais de Jesus.

Ser devoto de Maria é também estar unido a ela na oração, é claro. Por isso, no próximo capítulo, procurei reunir orações vocais que nos ajudam a recorrer à Virgem Mãe em nossas súplicas, confiando que ela as levará até Jesus, pois é nossa intercessora e conhece nossa humanidade. Devemos usá-las muito, mas não maquinalmente. Servem sobretudo para que tenhamos diálogo com a Virgem, cientes disto que nos esclarece a constituição dogmática *Lumen gentium*:

> A função maternal de Maria para com os homens de nenhum modo obscurece ou diminui esta mediação única de Cristo; antes, mostra qual é a eficácia (LG 60).

Na verdade, todo o influxo salutar da Santíssima Virgem em favor dos homens não é imposto por nenhuma necessidade intrínseca, mas sim por livre escolha de Deus, e dimana da superabundância dos méritos de Cristo. Funda-se sua mediação, dela depende absolutamente e dela tira toda a sua eficácia; e, longe de impedir, fomenta ainda mais o contato imediato dos fiéis com Cristo.

Nossa Senhora, de tantos títulos e nomes, nos ensina a lidar com nossas dores e cruzes e a enfrentar com perseverança o sofrimento. Maria é o modelo da orante perfeita, a figura da Igreja que reza. Jesus, sim, é o único que nos leva ao Pai, mas Maria seguramente nos leva a Jesus.

Chego ao fim com este lindo e emocionante poema de autoria desconhecida, que expressa a íntima relação de amor e entrega entre o devoto e Nossa Senhora, nossa Mãe e Rainha:

> Quando, no meu coração,
> O Demônio se avizinha,
> Eu penso sem demora:
> "Eu sou de Nossa Senhora
> E Nossa Senhora é minha."
> Quando alguém me faz sofrer,

Se alguém me fere e espezinha,
Ainda com o pranto a correr,
Eu penso em minha Rainha,
E digo sem mais demora:
"Eu sou de Nossa Senhora
E Nossa Senhora é minha."
Quando, em face de um dever,
A coragem se definha
E me sinto enfraquecer,
Eu penso em minha Rainha,
E digo sem mais demora:
"Eu sou de Nossa Senhora
E Nossa Senhora é minha."
Mas, um dia, lá no Céu
Quando eu chegar pobrezinha,
Virá num doce sorriso
A minha amável Rainha:
"Façam-na entrar sem demora,
Essa filha é toda minha!"

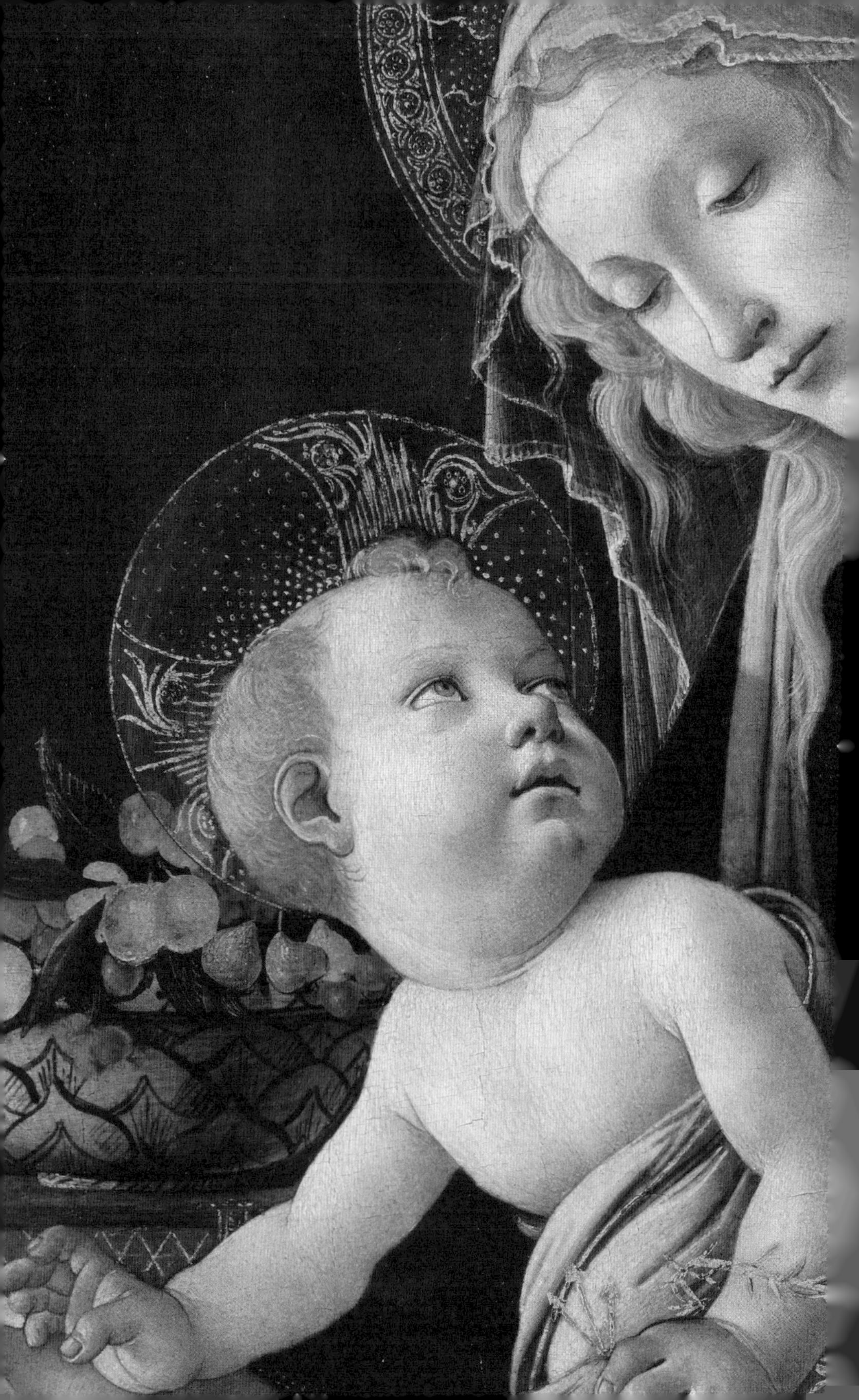

ORAÇÕES MARIANAS

Ave-Maria

Ave, Maria,
cheia de graça,
o Senhor é convosco,
bendita sois Vós entre as mulheres,
e bendito é o fruto do vosso ventre, Jesus.
Santa Maria, Mãe de Deus,
rogai por nós pecadores,
agora e na hora da nossa morte.
Amém.

Escaneie com a câmera do celular o QR Code a seguir e reze com o Padre Manzotti:

À vossa proteção

À vossa proteção recorremos, Santa Mãe de Deus; não desprezeis as nossas súplicas em nossas necessidades; mas livrai-nos sempre de todos os perigos, ó Virgem gloriosa e bendita. Amém.

Escaneie com a câmera do celular o QR Code a seguir e reze com o Padre Manzotti:

Magnificat

A minha alma glorifica ao Senhor
e o meu espírito se alegra em Deus, meu Salvador.
Porque pôs os olhos na humildade da sua serva:
de hoje em diante me chamarão bem-aventurada todas as gerações.
O Todo-Poderoso fez em mim maravilhas:
Santo é o seu nome.
A sua misericórdia se estende de geração em geração
sobre aqueles que O temem.
Manifestou o poder do seu braço
e dispersou os soberbos.
Derrubou os poderosos de seus tronos
e exaltou os humildes.
Aos famintos encheu de bens
e aos ricos despediu de mãos vazias.
Acolheu Israel seu servo,
lembrado da sua misericórdia,
como tinha prometido a nossos pais,
a Abraão e à sua descendência
para sempre.
Glória ao Pai e ao Filho
e ao Espírito Santo.
Como era no princípio, agora e sempre.
Amém.

Escaneie com a câmera do celular o QR Code a seguir e reze com o Padre Manzotti:

Oração do Ângelus

Rezada diariamente às 6h, 12h e/ou 18h, exceto no Tempo Pascal

V. O anjo do Senhor anunciou a Maria.
R. E Ela concebeu do Espírito Santo.
Ave-Maria...

V. Eis aqui a escrava do Senhor.
R. Faça-se em mim segundo a Vossa palavra.
Ave-Maria...

V. E o Verbo se fez Carne.
R. E habitou entre nós.
Ave-Maria...

V. Rogai por nós, Santa Mãe de Deus.
R. Para que sejamos dignos das promessas de Cristo.

OREMOS
Infundi, Senhor, em nossos corações, a Vossa Graça, vo-lo suplicamos, a fim de que, tendo conhecido, pela Anunciação do anjo, a encarnação de Jesus Cristo, Vosso Filho, pelos merecimentos da Sua Paixão e Morte na Cruz sejamos conduzidos à glória da Ressurreição. Isso vos pedimos, ó Pai, por Jesus Cristo, vosso Filho e nosso Senhor. Amém.

Escaneie com a câmera do celular o QR Code a seguir e reze com o Padre Manzotti:

Salve-Rainha

Salve, Rainha, Mãe de misericórdia,
vida, doçura e esperança nossa, salve!
A vós bradamos os degredados filhos de Eva;
a vós suspiramos, gemendo e chorando neste vale de lágrimas.
Eia, pois, advogada nossa,
esses vossos olhos misericordiosos a nós volvei
e depois deste desterro mostrai-nos Jesus,
bendito fruto do vosso ventre.
Ó clemente, ó piedosa, ó doce sempre Virgem Maria!
Rogai por nós, Santa Mãe de Deus,
para que sejamos dignos das promessas de Cristo.

Escaneie com a câmera do celular o QR Code a seguir e reze com o Padre Manzotti:

Lembrai-vos
(Oração de São Bernardo)

Lembrai-vos, ó piíssima Virgem Maria,
que nunca se ouviu dizer que algum daqueles
que têm recorrido à vossa proteção,
implorado a vossa assistência
e reclamado o vosso socorro
fosse por Vós desamparado.
Animado eu, pois, com igual confiança, a Vós,
ó Virgem entre todas singular, como à Mãe recorro,
de Vós me valho e, gemendo sob o peso dos meus pecados,
me prostro a vossos pés.
Não rejeiteis as minhas súplicas,
ó Mãe do Verbo de Deus humanado,
mas dignai-Vos de as ouvir propícia
e de me alcançar o que vos rogo.
Amém.

Escaneie com a câmera do celular o QR Code a seguir e reze com o Padre Manzotti:

Augusta Rainha dos anjos

Augusta Rainha dos anjos,
vós que recebestes de Deus o poder e a missão
de esmagar a cabeça de Satanás,
humildemente vos rogamos que envieis as legiões celestes
para que às vossas ordens persigam e combatam
os demônios por toda a parte,
refreando a sua audácia e precipitando-os no abismo.
Quem é como Deus?
Ó bondosa e carinhosa Mãe,
vós sereis sempre o nosso amor e a nossa esperança.
Ó divina Mãe, enviai os santos anjos em nossa defesa,
afastando para longe de nós o cruel inimigo.
São Miguel e todos os santos anjos,
combatei e rogai por nós.
Amém.

Escaneie com a câmera do celular o QR Code a seguir e reze com o Padre Manzotti:

Consagração a Nossa Senhora I

Ó minha Senhora, ó minha Mãe,
eu me ofereço todo a vós,
e em prova de minha devoção para convosco,
eu vos consagro neste dia meus olhos,
meus ouvidos, minha boca, meu coração
e inteiramente todo o meu ser.
E como assim sou vosso, ó incomparável Mãe,
guardai-me e defendei-me como bem e propriedade
vossa.
Amém.

Escaneie com a câmera do
celular o QR Code a seguir e reze
com o Padre Manzotti:

Consagração a Nossa Senhora II

Eu te escolho hoje, ó Maria, na presença de toda a corte celeste,
por minha Mãe e minha Rainha.
Eu te entrego e consagro, com toda submissão e amor, meu corpo e minha alma, meus bens interiores e exteriores
e, também, o valor de minhas boas ações passadas, presentes e futuras.
Concedo-te inteiro e pleno direito de dispor de mim e de tudo o que me pertence,
sem exceção e segundo tua boa vontade, para maior graça de Deus.
Amém.

Escaneie com a câmera do celular o QR Code a seguir e reze com o Padre Manzotti:

Consagração ao Imaculado Coração de Maria

Ó Coração Imaculado de Maria,
repleto de bondade, mostrai-nos o vosso amor.
A chama do vosso Coração, ó Maria, desça sobre todos os homens!
Nós vos amamos infinitamente!
Imprimi nos nossos corações o verdadeiro amor,
para que sintamos o desejo de vos buscar
incessantemente.
Ó Maria, vós que tendes um Coração suave e humilde,
lembrai-vos de nós quando cairmos no pecado.
Vós sabeis que todos os homens pecam.
Concedei que, por meio de vosso imaculado e materno Coração,
sejamos curados de toda doença espiritual.
Fazei que possamos sempre contemplar a bondade de vosso materno Coração
e nos convertamos por meio da chama do vosso Coração.
Amém.

Escaneie com a câmera do celular o QR Code a seguir e reze com o Padre Manzotti:

Consagração a Nossa Senhora Aparecida

Ó Maria Santíssima, que em vossa querida imagem de Aparecida espalhais inúmeros benefícios sobre todo o Brasil; eu, embora indigno de pertencer ao número dos vossos filhos e filhas, mas cheio do desejo de participar dos benefícios de vossa misericórdia, prostrado a vossos pés consagro-vos meu entendimento, para que sempre pense no amor que mereceis.
Consagro-vos minha língua, para que sempre vos louve e propague vossa devoção.
Consagro-vos meu coração, para que, depois de Deus, vos ame sobre todas as coisas.
Recebei-me, ó Rainha incomparável, no ditoso número de vossos filhos e filhas.
Acolhei-me debaixo de vossa proteção.
Socorrei-me em todas as minhas necessidades espirituais e temporais e, sobretudo, na hora de minha morte.
Abençoai-me, ó Mãe Celestial, e com vossa poderosa intercessão fortalecei-me em minha fraqueza, a fim de que, servindo-vos fielmente nesta vida, possa louvar-vos, amar-vos e dar-vos graças no Céu, por toda a eternidade.
Assim seja.

Escaneie com a câmera do celular o QR Code a seguir e reze com o Padre Manzotti:

Consagração da família a Nossa Senhora

Ó Virgem Imaculada,
nós vos consagramos hoje o nosso lar
e todos os que nele habitam.
Que a nossa casa seja como a de Nazaré,
uma morada de paz e de felicidade na prática da caridade,
no pleno abandono à Divina Providência.
Sede o nosso modelo, ó Maria,
regrai nossos pensamentos, nossos atos e toda a nossa vida.
É bem medíocre o tributo do nosso amor,
mas vós aceitareis, pelo menos, a homenagem de nossa boa vontade.

Ave-Maria... Ave-Maria... Ave-Maria...

Ó Maria, concebida sem pecado,
rogai por nós que recorremos a vós.

Escaneie com a câmera do celular o QR Code a seguir e reze com o Padre Manzotti:

Salve, Rainha do Céu

Salve, Rainha do Céu.
Salve, Senhora dos anjos.
Salve, Raiz fecunda.
Salve, Porta do Céu,
pela qual a luz nasceu para o mundo.
Rejubila, ó Virgem gloriosa,
entre todas a mais bela.
Salve, Esplendor radioso,
e rezai por nós a Cristo.

Escaneie com a câmera do celular o QR Code a seguir e reze com o Padre Manzotti:

Nossa Senhora, pisa na cabeça da serpente (Pe. Reginaldo Manzotti)

Nossa Senhora, pisa na cabeça da serpente (3x).

Das inimizades, Nossa Senhora pisa na cabeça da serpente.
Das discórdias e desavenças, Nossa Senhora pisa na cabeça da serpente.
De todo ódio e desejo do mal, Nossa Senhora pisa na cabeça da serpente.
De todos os venenos contra a família, Nossa Senhora pisa na cabeça da serpente.
Da pornografia, Nossa Senhora pisa na cabeça da serpente.
Das pessoas que entram para destruir o casamento, Nossa Senhora pisa na cabeça da serpente.
Da maledicência, Nossa Senhora pisa na cabeça da serpente.
Do vício das drogas, Nossa Senhora pisa na cabeça da serpente.
Do alcoolismo, Nossa Senhora pisa na cabeça da serpente.
Do tabagismo, Nossa Senhora pisa na cabeça da serpente.
Do desequilíbrio emocional, Nossa Senhora pisa na cabeça da serpente.
Dos relacionamentos tóxicos, Nossa Senhora pisa na cabeça da serpente.
De toda doença física, Nossa Senhora pisa na cabeça da serpente.
De toda doença psíquica, Nossa Senhora pisa na cabeça da serpente.

De todo pensamento de morte, Nossa Senhora pisa na
cabeça da serpente.

Nossa Senhora, pega nosso globo terrestre, nosso
Planeta,
nossa humanidade tão machucada e ferida,
e apresenta-os ao teu Filho Jesus.
Pede a Ele, Mãe, que sejamos curados
e ajuda-nos a viver como cristãos,
a buscar o perdão e a ter curadas nossas feridas.
Anima a nossa vida de oração,
dá-nos coragem para vencer nossos medos e livrai-nos
do mal.
Amém.

Escaneie com a câmera do
celular o QR Code a seguir e reze
com o Padre Manzotti:

Petição àquela que esmagou a cabeça da serpente

Maria, Virgem Imaculada e cheia de graça,
tu que foste escolhida por Deus para ser a Mãe do Salvador,
intercede por nós junto ao teu Filho Jesus.
Mãe, tu que esmagaste a cabeça da serpente infernal,
pisa na serpente do desemprego que aflige tantas famílias.
Pisa na serpente das doenças que nos aprisionam,
trazendo saúde, cura e esperança a todos os que sofrem.
Maria cheia de graça, pisa na cabeça dos vícios,
libertando-nos de tudo que nos aprisiona e nos afasta de Deus.
Ó Mãe Imaculada, consola nossos corações aflitos,
cura nossas feridas espirituais e físicas
e leva nossas súplicas a Teu Filho Jesus.

(Pede-se a graça.)

Com Teu poder, Mãe, afasta de nós todas as tentações do Maligno,
livrando-nos de suas ciladas e seduções.
Pisa na cabeça do Inimigo e destrói toda forma de mal que queira nos atingir.
Intercede por nós e livra-nos do mal.
Com teu auxílio, Mãe, venceremos as batalhas espirituais,
sempre confiantes na tua materna proteção.

Maria pisa na cabeça da serpente.
Maria pisa na cabeça da serpente.
Maria pisa na cabeça da serpente.
Amém.

Escaneie com a câmera do celular o QR Code a seguir e reze com o Padre Manzotti:

Oração a Nossa Senhora de Guadalupe

Ó gloriosa Mãe de Deus,
Nossa Senhora de Guadalupe,
padroeira das Américas,
vós sois nossa mãe compassiva.
Curai nossas penas, nossas misérias e dores,
acolhei-nos no aconchego do vosso manto,
escutai as nossas preces (*fazer o pedido*).
Amparai os doentes e desempregados,
abençoai nossas casas e as nossas famílias.
Protegei nossos filhos, livrando-os das maldades e dos perigos desse mundo.
Guardai nossos lares, escondendo-os dos olhos dos maus;
que neles o nome de Deus seja sempre invocado com respeito e amor;
que os seus mandamentos sejam observados com fidelidade;
que vosso bendito nome, ó Mãe querida,
seja sempre lembrado com muita devoção;
que a palavra de Deus seja sempre meditada e seguida todos os dias da nossa vida;
que a nossa obediência a vosso Filho Jesus
exale tal qual rosa um perfume de santidade.
Amém.

Escaneie com a câmera do celular o QR Code a seguir e reze com o Padre Manzotti:

Coroa das Sete Dores de Nossa Senhora

A Coroa das Sete Dores de Nossa Senhora relembra as principais dores que a Virgem Maria sofreu em sua vida terrena, culminando com a Paixão, a morte e o sepultamento de Seu Divino Filho.

Em nome do Pai,
do Filho e do Espírito Santo.
Amém.

Oração introdutória:
Nós vos louvamos e vos bendizemos, Senhor,
porque associastes a Virgem Maria à Obra da Salvação.
Contemplamos a vossa dor, ó Maria,
Para seguir-vos no caminho da fé.

Credo... Pai-nosso... Ave-Maria... (3x)

Primeira dor: Maria acolhe, com fé, a profecia de Simeão
"Simeão os abençoou e disse a Maria, sua mãe: Eis que este menino está destinado a ser ocasião de queda e elevação de muitos em Israel e sinal de contradição. Quanto a ti, uma espada te transpassará a alma" (Lc 2, 34-35).

Pai-nosso... Ave-Maria... (7x)

Segunda dor: Maria foge para o Egito com Jesus e José
"O anjo do Senhor apareceu em sonho a José e disse: Levanta, toma o menino e a mãe, foge para o Egito e

fica lá até que te avise. Pois Herodes vai procurar o menino para matá-lo. Levantando-se, José tomou o menino e a mãe, e partiu para o Egito" (Mt 2, 13-14).

Pai-nosso... Ave-Maria... (7x)

Terceira dor: Maria procura Jesus perdido em Jerusalém
"Acabados os dias da festa da Páscoa, quando voltaram, o menino Jesus ficou em Jerusalém, sem que os pais o percebessem. Pensando que estivesse na caravana, andaram o caminho de um dia e o procuraram entre parentes e conhecidos. E, não o achando, voltaram a Jerusalém à procura d'Ele" (Lc 2, 43b-45).

Pai-nosso... Ave-Maria... (7x)

Quarta dor: Maria encontra-se com Jesus no caminho do Calvário
"Ao conduzir Jesus, lançaram mão de um certo Simão de Cirene, que vinha do campo, e o encarregaram de levar a Cruz atrás de Jesus. Seguia-o grande multidão de povo e de mulheres que batiam no peito e o lamentavam" (Lc 23, 26-27).

Pai-nosso... Ave-Maria... (7x)

Quinta dor: Maria permanece junto à Cruz do seu Filho
"Junto à Cruz de Jesus estavam de pé sua Mãe, a irmã de sua Mãe, Maria de Cléofas, e Maria Madalena. Vendo a Mãe e, perto dela, o discípulo a quem amava, disse Jesus para a mãe: Mulher, eis aí o teu filho! Depois disse para o discípulo: Eis aí a tua Mãe!" (Jo 19, 15-27a).

Pai-nosso... Ave-Maria... (7x)

Sexta dor: Maria recebe nos braços o corpo de Jesus deposto da Cruz
"Chegada à tarde, porque era o dia da Preparação, isto é, a véspera de sábado, veio José de Arimateia, entrou decidido na casa de Pilatos e pediu o corpo de Jesus. Pilatos, então, deu o cadáver a José, que retirou o corpo da Cruz" (Mc 15, 42).

Pai-nosso... Ave-Maria... (7x)

Sétima dor: Maria leva ao sepulcro o corpo de Jesus à espera da ressurreição
"Os discípulos tiraram o corpo de Jesus e envolveram em faixas de linho com aromas, conforme é o costume de sepultar dos judeus. Havia perto do local, onde fora crucificado, um jardim, e no jardim um sepulcro novo onde ninguém ainda fora depositado. Foi ali que puseram Jesus" (Jo 19, 40-42a).

Pai-nosso... Ave-Maria... (7x)

Oração final
Nós vos louvamos, Santa Maria, Mãe fiel junto à Cruz do Filho. Bendita sois vós, Rainha dos mártires: associada à paixão de Cristo, Vos tornastes nossa mãe, sinal de esperança em nosso caminho. Amém.

Escaneie com a câmera do celular o QR Code a seguir e reze com o Padre Manzotti:

Ladainha de Nossa Senhora

Senhor, tende piedade de nós.
Cristo, tende piedade de nós.
Senhor, tende piedade de nós.
Cristo, ouvi-nos.
Cristo, atendei-nos.
Deus Pai do Céu, tende piedade de nós.
Deus Filho Redentor do mundo, tende piedade de nós.
Deus Espírito Santo, tende piedade de nós.
Santíssima Trindade, que sois um só Deus, tende piedade de nós.
Santa Maria, rogai por nós.
Santa Mãe de Deus, rogai por nós.
Santa Virgem das virgens, rogai por nós.
Mãe de Cristo, rogai por nós.
Mãe da Igreja, rogai por nós.
Mãe de misericórdia, rogai por nós.
Mãe da divina graça, rogai por nós.
Mãe da esperança, rogai por nós.
Mãe puríssima, rogai por nós.
Mãe castíssima, rogai por nós.
Mãe sempre virgem, rogai por nós.
Mãe imaculada, rogai por nós.
Mãe digna de amor, rogai por nós.
Mãe admirável, rogai por nós.
Mãe do bom conselho, rogai por nós.
Mãe do Criador, rogai por nós.
Mãe do Salvador, rogai por nós.
Virgem prudentíssima, rogai por nós.
Virgem venerável, rogai por nós.
Virgem louvável, rogai por nós.
Virgem poderosa, rogai por nós.
Virgem clemente, rogai por nós.

Virgem fiel, rogai por nós.
Espelho de perfeição, rogai por nós.
Sede da Sabedoria, rogai por nós.
Fonte de nossa alegria, rogai por nós.
Vaso espiritual, rogai por nós.
Tabernáculo da eterna glória, rogai por nós.
Moradia consagrada a Deus, rogai por nós.
Rosa mística, rogai por nós.
Torre de Davi, rogai por nós.
Torre de marfim, rogai por nós.
Casa de ouro, rogai por nós.
Arca da aliança, rogai por nós.
Porta do Céu, rogai por nós.
Estrela da manhã, rogai por nós.
Saúde dos enfermos, rogai por nós.
Refúgio dos pecadores, rogai por nós.
Socorro dos migrantes, rogai por nós.
Consoladora dos aflitos, rogai por nós.
Auxílio dos cristãos, rogai por nós.
Rainha dos Anjos, rogai por nós.
Rainha dos Patriarcas, rogai por nós.
Rainha dos Profetas, rogai por nós.
Rainha dos Apóstolos, rogai por nós.
Rainha dos Mártires, rogai por nós.
Rainha dos confessores da fé, rogai por nós.
Rainha das Virgens, rogai por nós.
Rainha de todos os Santos, rogai por nós.
Rainha concebida sem pecado original, rogai por nós.
Rainha assunta ao Céu, rogai por nós.
Rainha do santo Rosário, rogai por nós.
Rainha da paz, rogai por nós.

Cordeiro de Deus, que tirais os pecados do mundo, perdoai-nos Senhor.
Cordeiro de Deus, que tirais os pecados do mundo,

ouvi-nos Senhor.
Cordeiro de Deus, que tirais os pecados do mundo, tende piedade de nós.

V. Rogai por nós, Santa Mãe de Deus,
R. Para que sejamos dignos das promessas de Cristo.

Oremos
Senhor Deus, nós Vos suplicamos que concedais aos vossos servos perpétua saúde de alma e de corpo; e que, pela gloriosa intercessão da bem-aventurada sempre Virgem Maria, sejamos livres da presente tristeza e gozemos da eterna alegria. Por Cristo Nosso Senhor. Amém.

Escaneie com a câmera do celular o QR Code a seguir e reze com o Padre Manzotti:

Ladainha de Nossa Senhora das Dores

Senhor, tende piedade de nós!
Cristo, tende piedade de nós!
Jesus Cristo, ouvi-nos!
Jesus Cristo, atendei-nos!
Deus Pai, que estais no Céu, tende piedade de nós!
Deus Filho, redentor o mundo, tende piedade de nós!
Espírito Santo Paráclito, tende piedade de nós!
Trindade Santa, que sois um só Deus, tende piedade de nós!
Mãe de Jesus crucificado, rogai por nós!
Mãe do coração traspassado, rogai por nós!
Mãe do Cristo redentor, rogai por nós!
Mãe dos discípulos de Jesus, rogai por nós!
Mãe dos redimidos, rogai por nós!
Mãe dos viventes, rogai por nós!
Virgem obediente, rogai por nós!
Virgem oferente, rogai por nós!
Virgem fiel, rogai por nós!
Virgem do silêncio, rogai por nós!
Virgem da espera, rogai por nós!
Virgem da Páscoa, rogai por nós!
Virgem da Ressurreição, rogai por nós!
Mulher que sofreu o exílio, rogai por nós!
Mulher forte, rogai por nós!
Mulher corajosa, rogai por nós!
Mulher do sofrimento, rogai por nós!
Mulher da Nova Aliança, rogai por nós!
Mulher da esperança, rogai por nós!
Nova Eva, rogai por nós!
Cooperadora na Salvação, rogai por nós!
Serva da reconciliação, rogai por nós!

Defesa dos inocentes, rogai por nós!
Coragem dos perseguidos, rogai por nós!
Fortaleza dos oprimidos, rogai por nós!
Esperança dos pecadores, rogai por nós!
Consolação dos aflitos, rogai por nós!
Refúgio dos marginalizados, rogai por nós!
Conforto dos exilados, rogai por nós!
Sustento dos fracos, rogai por nós!
Alívio dos enfermos, rogai por nós!
Cordeiro de Deus que tirais o pecado do mundo, perdoai-nos, Senhor!
Cordeiro de Deus que tirais o pecado do mundo, ouvi-nos, Senhor!
Cordeiro de Deus que tirais o pecado do mundo, tende piedade de nós!
Oremos
Ó Deus, quisestes que a vida da Virgem Maria fosse marcada pelo mistério da dor: concedei-nos, vos pedimos, percorrer a seu lado o caminho da fé e unir nossos sofrimentos à Paixão de Cristo, para nos tornarmos instrumentos de graça e Salvação. Por Cristo Senhor nosso. Amém.
Proteja-nos, Santa Maria, e, benigna, nos acompanhe pelos caminhos da vida.
Amém!

Escaneie com a câmera do celular o QR Code a seguir e reze com o Padre Manzotti:

Oração a Nossa Senhora de Lourdes

Ó Virgem puríssima, Nossa Senhora de Lourdes,
que vos dignastes aparecer a Bernadete no lugar solitário de uma gruta,
para nos lembrar que é no sossego e recolhimento que Deus nos fala
e nós falamos com Ele,
ajudai-nos a encontrar o sossego e a paz da alma
que nos ajudem a conservar-nos sempre unidos a Deus.
Nossa Senhora da gruta, dai-me a graça que vos peço e tanto preciso (*faça o pedido*).
Nossa Senhora de Lourdes, rogai por nós.
Amém.

Escaneie com a câmera do celular o QR Code a seguir e reze com o Padre Manzotti:

Oração de consolação à Nossa Mãe Celeste, de São João Paulo II

Ó Mãe Consoladora, tu, que conheces nossas dores e penas,
tu que sofreste de Belém ao Calvário,
consola todos aqueles que sofrem em seus corpos e em suas almas.
Todos aqueles que estão dispersos e desencorajados, todos aqueles que sentem uma ardente necessidade de amar e doar.
Mãe consoladora, consola a todos nós,
ajuda-nos a compreender que o segredo da felicidade está na fidelidade e na bondade do teu Filho, Jesus.
Nós te rendemos glória e oferecemos ações de graças agora e sempre.
Amém.

Escaneie com a câmera do celular o QR Code a seguir e reze com o Padre Manzotti:

Oração à Virgem Maria
(Oração de São Maximiliano Kolbe)

Ó Virgem Imaculada,
eleita entre todas as mulheres para trazer o Salvador ao mundo,
serva fiel do mistério da Redenção,
dai-nos a graça de responder ao chamado de Jesus
e segui-Lo no caminho da vida que conduz ao Pai.
Virgem Santíssima, arranca de nós o pecado,
transforma nossos corações.
Rainha dos apóstolos, faz de nós apóstolos!
Que em tuas mãos puríssimas sejamos instrumentos dóceis e amáveis
para concluir a purificação e a Salvação do nosso mundo pecador.
Divide conosco a dor que pesa sobre o teu coração materno
e também tua esperança viva de que nenhum homem será perdido.
Que toda a Criação possa celebrar contigo, ó Mãe de Deus e ternura do Espírito Santo,
o louvor da misericórdia e do amor infinito.
Amém.

Escaneie com a câmera do celular o QR Code a seguir e reze com o Padre Manzotti:

Oração a Maria (Oração de São João Damasceno)

Eu vos saúdo, ó Maria, vós sois a esperança dos cristãos.
Recebei a súplica de um pecador que vos ama ternamente,
vos honra de um modo particular
e em vós põe toda a esperança de sua Salvação.
De vós recebi a vida, pois que me restabeleceis na graça de vosso Filho.
Sois o penhor certo de minha Salvação.
Rogo-vos, pois, que me liberteis do peso de meus pecados;
que dissipeis as trevas de minha inteligência;
desterreis os afetos terrenos do meu coração;
reprimais as tentações dos meus inimigos;
e governeis de tal sorte a minha vida que eu possa,
por vosso intermédio e debaixo da vossa proteção,
chegar à felicidade eterna do Paraíso.

Escaneie com a câmera do celular o QR Code a seguir e reze com o Padre Manzotti:

Oração de Nossa Senhora de Fátima

Santíssima Virgem,
que nos montes de Fátima
vos dignastes revelar aos três pastorinhos
os tesouros de graças que podemos alcançar
rezando o Santo Rosário,
ajudai-nos a apreciar sempre mais
esta santa oração, a fim de que,
meditando os mistérios da nossa Redenção,
alcancemos as graças que insistentemente
vos pedimos *(faça seu pedido)*.
Ó meu bom Jesus, perdoai-nos,
livrai-nos do fogo do inferno,
levai as almas todas para o Céu
e socorrei principalmente
as que mais precisarem.
Nossa Senhora do Rosário de Fátima,
rogai por nós.
Amém.

Escaneie com a câmera do celular o QR Code a seguir e reze com o Padre Manzotti:

Oração a Nossa Senhora Aparecida

Ó incomparável Senhora da Conceição Aparecida,
mãe de Deus, rainha dos anjos,
advogada dos pecadores,
refúgio e consolação dos aflitos e atribulados,
Virgem Santíssima cheia de poder e de bondade,
lançai sobre nós um olhar favorável,
para que sejamos socorridos por vós
em todas as necessidades em que nos acharmos.
Lembrai-vos, ó clementíssima Mãe Aparecida,
que nunca se ouviu dizer que algum daqueles que têm
a vós recorrido,
invocado vosso santíssimo nome
e implorado vossa singular proteção
fosse por vós abandonado.
Animados com esta confiança, a vós recorremos.
Tomamo-nos de hoje para sempre por nossa Mãe,
nossa protetora, consolação e guia,
esperança e luz na hora da morte.
Livrai-nos de tudo o que possa ofender-vos
e a vosso Santíssimo Filho, Jesus.
Preservai-nos de todos os perigos
da alma e do corpo;
dirigi-nos em todos os negócios
espirituais e temporais.
Livrai-nos da tentação do demônio,
para que, trilhando o caminho da virtude,
possamos um dia ver-vos

e amar-vos na eterna glória,
por todos os séculos dos séculos.
Amém.

Escaneie com a câmera do
celular o QR Code a seguir e reze
com o Padre Manzotti:

Oração a Nossa Senhora do Carmo

Santíssima Virgem Maria,
esplendor e glória do Carmelo,
vós olhais com especial ternura
os que se revestem com o vosso Santo Escapulário.
Cobri-me com o manto da vossa maternal proteção,
pois a vós me consagro hoje e para sempre.
Fortalecei a minha fraqueza com o vosso poder.
Iluminai a escuridão do meu espírito
com a vossa sabedoria.
Aumentai em mim a fé,
esperança e a caridade.
Adornai a minha alma
com muitas graças e virtudes.
Assisti-me na vida,
consolai-me na morte
com a vossa presença
e apresentai-me à Santíssima Trindade
como vosso filho(a) dedicado(a),
Para que possa louvá-la por toda a eternidade.
Amém.

Escaneie com a câmera do celular o QR Code a seguir e reze com o Padre Manzotti:

Oração a Nossa Senhora
(Oração de Pe. Reginaldo Manzotti)

Mãe de Jesus, Mãe da Igreja e nossa Mãe,
Nossa Senhora, nos seus mais variados títulos, intercede por nós.
Ajuda-nos a ser mais fortes que nossas fragilidades, aos doentes concede saúde, aos aflitos, o consolo.
Afugenta os tormentos e males que afligem nossas famílias e nossa sociedade.
Ilumina, Mãe, nossos governantes nas decisões sobre saúde e economia.
Protege os trabalhadores e socorre os que passam dificuldades financeiras.
Nossa Senhora, esperamos confiantes a tua proteção.
A teu exemplo nos cingimos diariamente pela oração.
Vigia-nos com olhos de Mãe
e conduze-nos a um novo Pentecostes.
Amém.

Escaneie com a câmera do celular o QR Code a seguir e reze com o Padre Manzotti:

Mãe de Misericórdia

Roga por nós, santa Mãe de Deus, para que sejamos dignos das promessas de Cristo!
Roga por todas as famílias, santa Mãe de Jesus Cristo, para que comecem em sua casa a verdadeira fraternidade cristã!
Roga pelos filhos e pelos pais, santa Mãe da Igreja, para que imitem os teus exemplos em Nazaré!
Roga pelas mães abandonadas, pelas mães sofridas, roga pelos filhos sem família, pelos órfãos sem amor!
Roga pelos pais meeiros, explorados, doentes, desempregados,
roga pelos sem-teto, sem pão, sem instrução, sem defesa!
Roga pelas crianças que não podem nascer,
roga pelos pais que não podem criar seus filhos com decência!
São tantas as ameaças contra a família...
Mostra que és Nossa Mãe: pede a Jesus por todos nós!
Ó clemente, ó piedosa, ó doce Virgem Maria!
Amém.

Escaneie com a câmera do celular o QR Code a seguir e reze com o Padre Manzotti:

Invocação à Santíssima Virgem

Alma de Maria, santificai-me.
Coração de Maria, inflamai-me.
Mãos de Maria, amparai-me.
Olhos imaculados de Maria, olhai-me.
Lábios de Maria, falai-me.
Dores de Maria, fortalecei-me.
Ó doce Maria, atendei-me.
No coração de Jesus, escondei-me.
Não permitais que de vós me afaste.
Dos meus inimigos, defendei-me.
Na hora da morte, chamai-me e levai-me para o meu querido Jesus,
para convosco O amar e louvar por todos os séculos dos séculos.
Amém.

Escaneie com a câmera do celular o QR Code a seguir e reze com o Padre Manzotti:

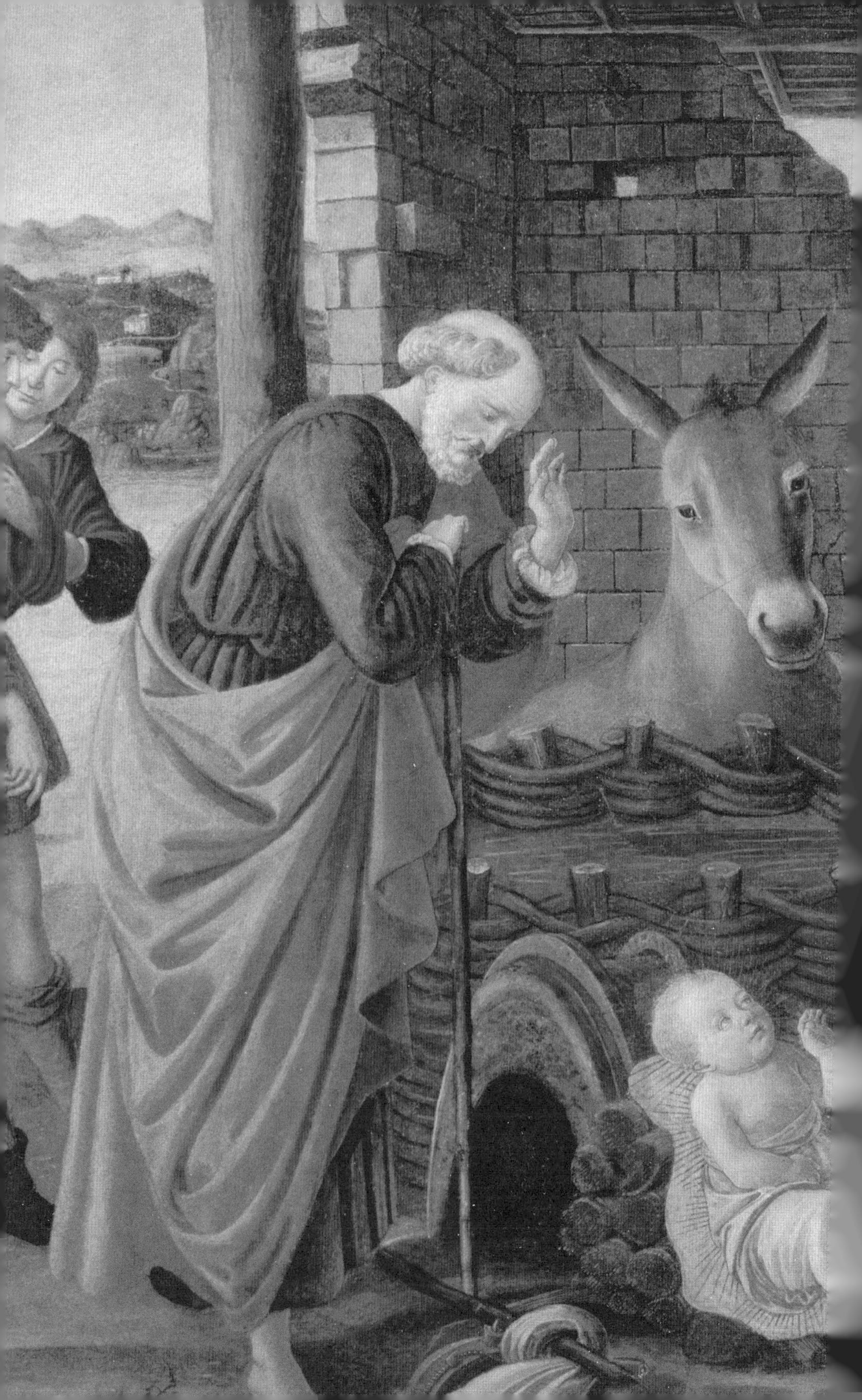

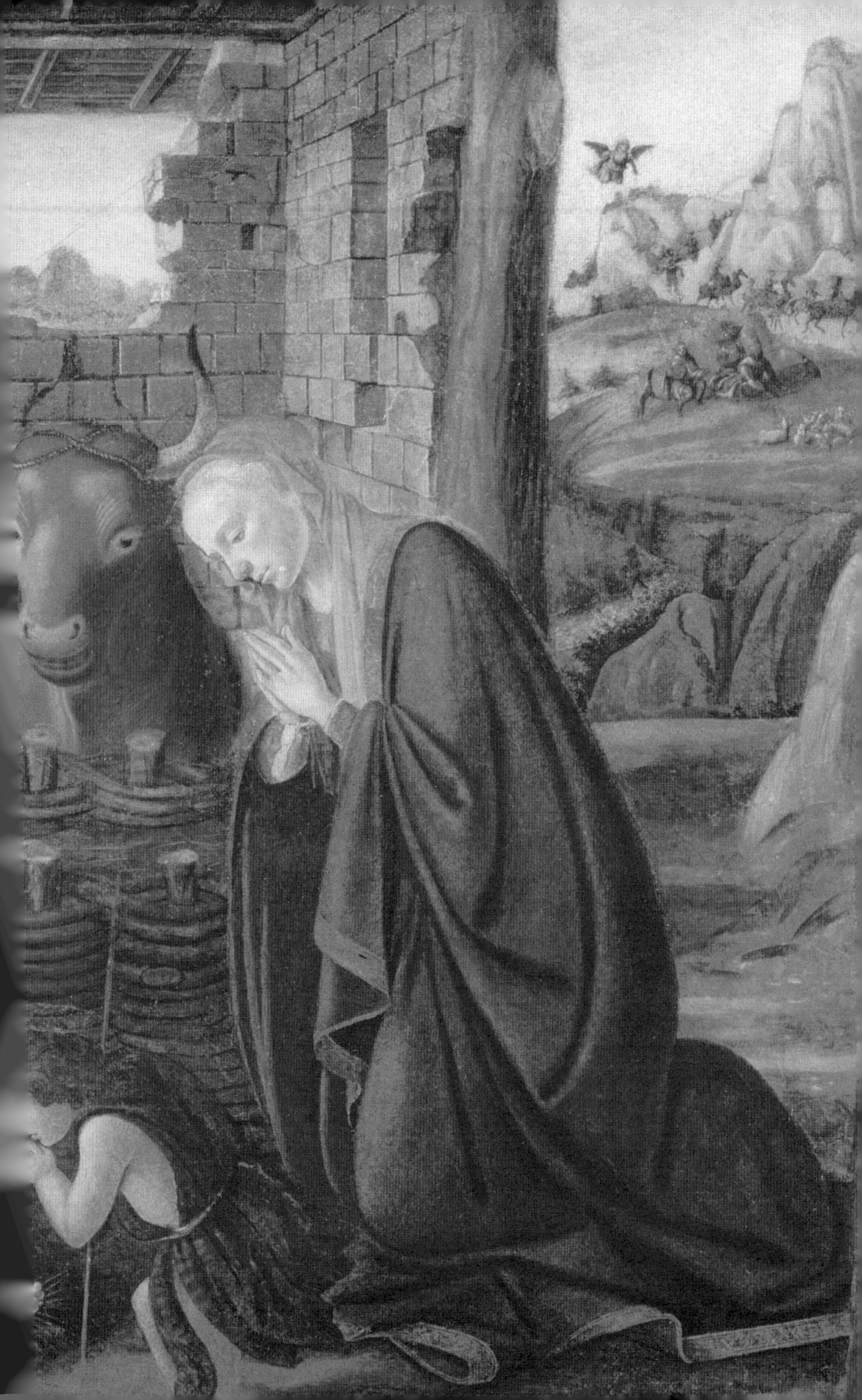

CONCLUSÃO

Chegamos ao final deste livro. E somos chamados a contemplar, com uma visão mais profunda e madura, o papel incomparável de Maria na Obra da Redenção e sua sabedoria suprema no combate ao Maligno.

Percorremos os aspectos da vida e da missão de Maria, desde sua presença misteriosa no Gênesis até o papel central que ocupa em nossa Salvação em Cristo. Sua história não é apenas uma sequência de eventos, mas uma revelação profunda da ação de Deus no mundo e da resposta de uma mulher fiel à Sua vontade.

Maria, como Mãe de Jesus, desempenha uma função única e insubstituível no plano divino. Sua presença no Gênesis como a mulher em conflito com a serpente já antecipava a luta que, ao longo dos séculos, ela travaria contra o Mal.

Desde o seu nascimento e juventude, Maria teve uma vida marcada pela graça, pela pureza e pela obediência incondicional a Deus. Suas virtudes, que permeiam todos os conteúdos deste livro, são faróis a iluminar o caminho dos cristãos, que são convidados a imitá-la.

Contudo, é essencial que nunca percamos de vista que Maria, por mais extraordinária que seja, nunca se coloca à frente de Seu Filho. Ela sempre aponta para Ele, que é o Salvador do mundo. A Mãe de Cristo é sempre serva do Senhor, e seu papel na Salvação é válido precisamente porque se submete à vontade de Deus e coopera com os desígnios do Pai para que Cristo, o Redentor, se faça presente no mundo.

O sofrimento de Maria, especialmente nas sete dores que vivenciou, revela o quanto sua participação na Obra da Salvação foi profunda e pessoal. Ao ver seu Filho sofrer e morrer por nós, ela não foi apenas a mãe biológica de Jesus, mas uma coparticipante ativa na economia redentora. Em seu sofrimento, não apenas se uniu ao sacrifício de Cristo; ali também mostrou ao mundo o verdadeiro significado da maternidade espiritual, tornando-se a Mãe da Igreja e intercessora dos fiéis.

Em suas aparições ao longo da história, Maria continuou a nos guiar, sempre apontando para seu Filho e lembrando-nos do caminho da fé, da conversão e da oração. Também vimos que a devoção a Maria não se resume a uma veneração superficial, mas nos conclama a viver de maneira mais profunda o compromisso com Jesus.

Na certeza de que Maria, Mãe de Deus e nossa Mãe, continua a ser um pilar de apoio e fonte de inspiração para todos os fiéis, encerro com a Oração Pascal *Regina Coeli* (Rainha do Céu). Esta oração expressa a alegria da Páscoa e reconhece o papel central de Maria na história da Salvação. É uma manifestação de júbilo e agradecimento pelo triunfo de Jesus sobre a morte. Pois, "se Cristo não ressuscitou, vazia é a nossa pregação, vazia é a nossa fé" (1Cor 15,17):

Rainha do Céu, alegrai-vos, aleluia.
Porque aquele que merecestes trazer em vosso ventre, aleluia.
Ressuscitou, como disse, aleluia.
Rogai a Deus por nós, aleluia.

Desejo, querido leitor e querida leitora, que a vida e o exemplo de Maria nos ajudem a trilhar o caminho da santidade, sempre em busca de uma união mais profunda com Deus.

REFERÊNCIAS BIBLIOGRÁFICAS

AMORTH, Gabriele. *Novos relatos de um exorcista*. São Paulo: Palavra & Prece, 2008.

_____. *Um exorcista conta-nos*. Prior Velho (Portugal): Paulinas, 2007.

BAMONTE, Francesco. *A Virgem Maria e o Diabo nos exorcismos*. São Paulo: Paulinas Editora, 2017.

BENTO XVI. *Carta encíclica Deus Caritas Est*. São Paulo: Editora Paulinas, 2006.

Bíblia de Jerusalém. São Paulo: Paulus, 2002.

Catecismo da Igreja Católica: Edição Típica Vaticana. São Paulo: Edições Loyola, 1999.

CONCÍLIO VATICANO II. *Constituição dogmática Lumen gentium*. São Paulo: Paulinas, 1995.

JOÃO PAULO II, São. *Bula pontifícia Incarnationis Mysterium*. São Paulo: Loyola, 1998.

MURAD, Afonso. *Maria Toda de Deus e Tão Humana: Compêndio de Mariologia*. São Paulo: Paulinas Editora, 2021.

TOMÁS DE AQUINO, Santo. *Suma teológica*, 5 vols. Campinas: Ecclesiae, 2016.

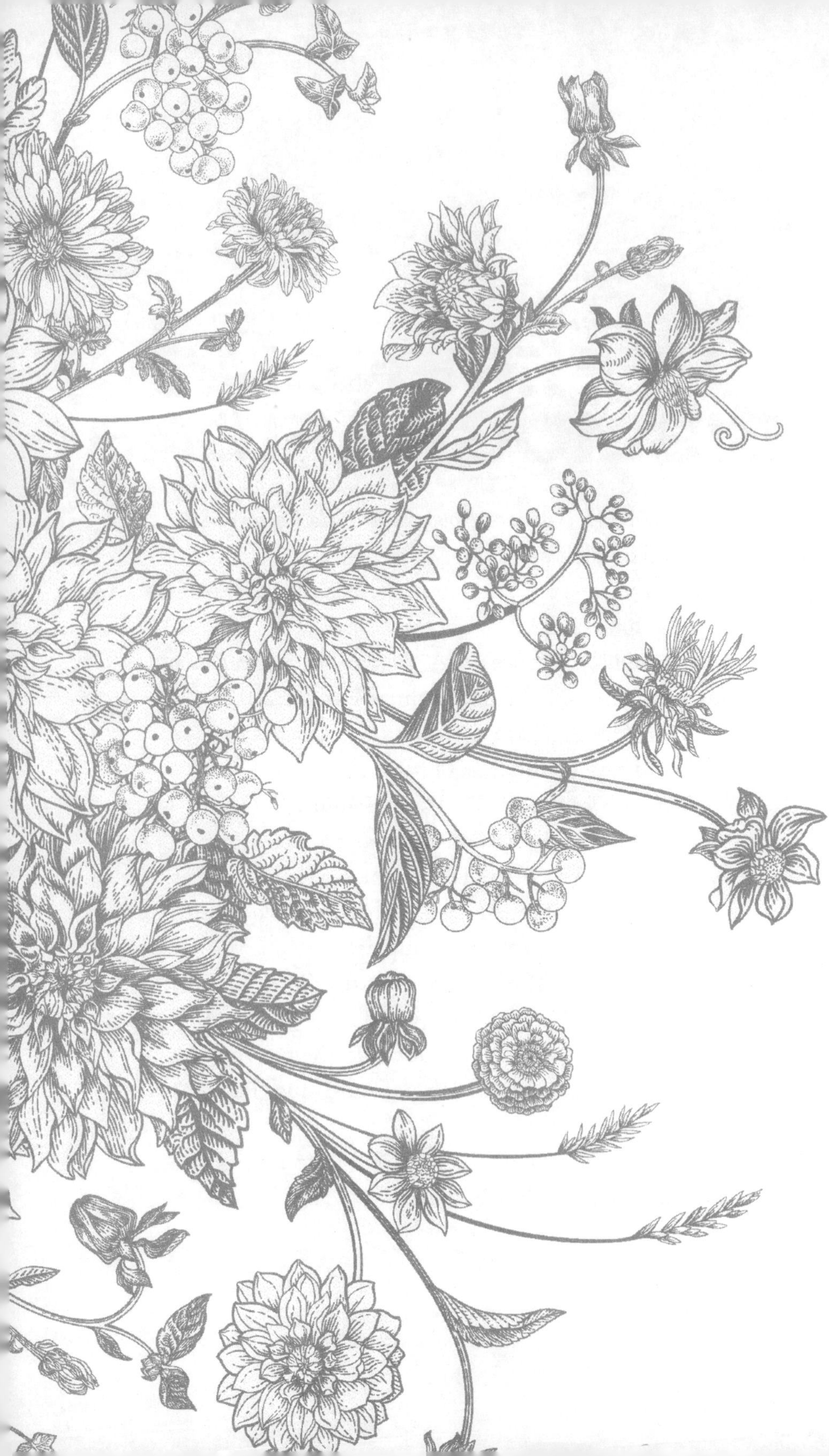

Este livro foi impresso na cidade de São Sebastião do Rio de Janeiro no verão de 2025, usando tipos Basco e Unbounded.

Direção editorial
Daniele Cajueiro

Editor responsável
Hugo Langone

Produção editorial
Adriana Torres
Laiane Flores

Revisão
Bia Seilhe
Michele Sudoh

Projeto gráfico de miolo
Anderson Junqueira

Diagramação
Letícia Fernandez

Imagens de miolo:
A Virgem Anunciada, Antonello da Messina, c. 1476 (Wikimedia Commons); *A natividade mística*, Sandro Botticelli, c. 1500-1501 (Wikimedia Commons); *Madonna com menino e dois anjos*, Fra Filippo Lippi, c. 1465 (Wikimedia Commons); *Sagrado Coração de Maria*, Leopold Kupelwieser, s.d. (Wikimedia Commons); *A Virgem e o Menino em Majestade Cercada por Seis Anjos*, Cimabue, c. 1270 (Wikimedia Commons); *Maria, mãe de Jesus*, a.d., séc. XVI (Wikimedia Commons); *A Madona do rosário*, Caravaggio, 1607 (Google Art Project); *Santa Maria (a Virgem Abençoada) e São José com o Menino Bem-Vindo*, Bartolomeo Montagna, séc. XVI (Wikimedia Commons); *Madona do livro*, Sandro Botticelli, c. 1480-1481 (Google Art Project); *A Virgem com anjos*, William Adolphe Bouguereau, 1881 (Shutterstock); Elementos botânicos: Buquê com um jardim vintage com flores e folhas (Lisla/ Shutterstock); Elementos botânicos: Brisa de outono (Lisla/ Shutterstock).